들풀 위에 깃든 믿음

들풀 위에 깃든 **믿음**

지은이 | 홍동완
펴낸이 | 원성삼
표지 디자인 | 한영애
펴낸곳 | 예영커뮤니케이션
초판 1쇄 발행 | 2024년 9월 5일
등록일 | 1992년 3월 1일 제 2-1349호
주소 | 03128 서울특별시 종로구 대학로3길 29, 313호(연지동, 한국교회100주년기념관)
전화 | (02)766-8931
팩스 | (02)766-8934
이메일 | jeyoung_shadow@naver.com
ISBN 979-11-89887-85-8 (04230)
ISBN 978-89-8350-849-2 (세트)

값 15,000원

 모든 인간은 하나님의 형상을 닮은 존귀한 존재입니다. 사람은 인종, 민족, 피부색, 문화,
언어에 관계없이 모두 다 존귀합니다. 예영커뮤니케이션은 이러한 정신에 근거해 모든
인간이 존귀한 삶을 사는 데 필요한 지식과 문화를 예수 그리스도의 사랑으로 보급함으로써 우리가
속한 사회에 기여하고자 합니다.

들풀 위에 깃든 믿음

산골농부목사 홍동완 묵상집

향긋한 풀 내음이 나는 삶
모두가 선망하나 이루지 못함은 소욕 때문이다.
필요한 것이 가장 적은 사람, 그래서
하나님과 가장 가까운 사람만이 그의 몸에 향훈이 깃든다.
지고(至高)한 하나님의 성소에 기거하는 주의 종은
몰약과 육계, 창포와 계피향이 존체(尊體)를 두르고
소합향과 나감향, 풍자향과 유향이 성의(聖衣)를 감싼다.
성소의 훈향이 나지 않는 자가
주의 종 이름으로 활보하는 혼탁한 시대에
스스로 자신을 감추고 명예를 피하며(自隱無名)
고고히 카리타스를 실천하는 하나님의 전령사(傳令使)
그 은자의 지족(知足)하는 삶이 은은히 풍기는 풀 향 되어
시대를 맑히는 노래가 되고 시(詩)가 되었다.

— 진우정 장로(의사 NGO ICAN 대표)

홍동완 지음

예영

향긋한 풀 내음이 나는 삶

모두가 선망하나 이루지 못함은 소욕 때문이다.

필요한 것이 가장 적은 사람, 그래서

하나님과 가장 가까운 사람만이 그의 몸에 향훈이 깃든다.

지고(至高)한 하나님의 성소에 기거하는 주의 종은

몰약과 육계, 창포와 계피향이 존체(尊體)를 두르고

소합향과 나감향, 풍자향과 유향이 성의(聖衣)를 감싼다.

성소의 훈향이 나지 않는 자가

주의 종 이름으로 활보하는 혼탁한 시대에

스스로 자신을 감추고 명예를 피하며(自隱無名)

고고히 카리타스를 실천하는 하나님의 전령사(傳令使)

그 은자의 지족(知足)하는 삶이 은은히 풍기는 풀 향 되어

시대를 맑히는 노래가 되고 시(詩)가 되었다.

_ 진우정 장로(의사, NGO ICAN 대표)

목사님의 글은 하루의 분주함 속에 묻히다 보면 하나님을 쉽게 잊어버린 채 살아가는 저에게, 생각보다 가까이 계신 하나님을 인식하게 하는 감각을 깨워주는 힘이 있습니다.

_ 최월성 집사

하늘의 언어를 땅의 언어로 쓰신 홍동완 목사님 글들은 깊은 산속 옹달샘에서 길어 올린 영혼의 마중물처럼 큰 울림이었어요. 목사님의 깊고도 지순한 영성이 무교회 지역인 도심리를 예수마을로 변화시켜 가고 있으니, 한국 교회에 도전이며 주님 말씀하신 대로 땅끝까지 이르러 교회 부흥의 새 역사를 일으킬 것을 믿으며 도심리교회와 목사님을 응원합니다!

_ 이영실 집사

도심리교회 홍동완 목사님이 매월 보내주신 소식지 「들풀 위에 깃든 사랑」은 목사님의 마을에서의 일상과 자연, 목회가 어우러진 깊은 영성에서 길어 올린 맑은 샘물과 같습니다. 저는 내 영혼이 목마름을 느낄 때면 조용한 산속에 자리한 도심리교회와 홍동완 목사님을 떠올립니다. 홍동완 목사님의 성경 묵상과 깊은 영성, 그리고 마을에서의 삶의 이야기가 세속으로 혼탁해진 우리의 영혼을 맑게 정화시켜 줄 것입니다.

_ 한국일 교수(전 장로회신학대학교)

'들풀 위에 깃든 믿음'. 들풀! 그는 '피스티스', 충성을 마다한 일이 없습니다. 그에 어울리게 아름답게 꽃 피우고도, 부끄러운 듯 소박하게 조화를 이루며, 창조자의 영광을 노래합니다. 들풀! 그는 나와 함께 창조주 하나님의 영광을 위해 꽃 피우자 합니다.

_ 최병렬 목사(**광야교회**)

그리스도의 마음을 품고 사는 목사님의 삶의 이야기이며, 이 땅에 하나님 나라를 세워가는 이야기입니다. 이 이야기 속에서 하나님의 일하심을 보며 잔잔한 감동과 함께 쉼을 누립니다.

_ 이승연 권사

들풀은 매우 하찮은 것처럼 보입니다. 하지만 연약하고 부족한 우리에게 임하는 여호와 하나님의 사랑과 은혜를 느낍니다. 삶은 오르락내리락을 끊임없이 반복합니다. 그 속에 우리와 함께하시는 예수님을 바라봅니다. 책 속에서 예수님의 삶과 우리의 삶이 함께 녹아 있음을 봅니다.

_ 홍조이 성도

거친 도시에 살면서 매일매일 치열한 경쟁 속에서 잠시의 안식을 누리게 하는 홍동완 목사님의 들풀 편지에 감사드립니다. 사람 사는 이야기, 사람들의 내면의 세계가 드러나면서도 그것이 신앙의 힘으로

들풀 위에 깃든 믿음

극복되는 글을 읽다 보면 마음이 따뜻해지며 저 또한 저의 내면에 선과 악이 교차하는 모습을 보며 기도하게 됩니다.

_ 김성준 장로(한의사)

바쁜 일정 속에 주님과 함께한 삶의 이야기, 들풀 같은 하늘땅공동체 착한 농부들의 이야기, 매달 보내주시는 들풀 소식과 산골짜기 기도문을 읽으며 가는 곳마다 복음을 전하고 마을 주민들의 영혼을 깨우는 목사님을 통해 주님을 만납니다. 주님이 우리에게 행하신 대로, 보여주신 대로 세상에서 사랑을 실천하는 반장님의 마을 섬김, 순종하는 목사님으로서의 참다운 교회의 모습이 담긴 책입니다. 『들풀 위에 깃든 믿음』은 스스로 신앙을 점검하게 되는 좋은 책이 될 것이기에 추천합니다.

– 정정미 집사

자연의 본질에 따른 계절의 변화에 순응하며 살아가는 목사님의 삶과 도심리교회를 통해 하나님의 영광이 드러나고 삼위일체 하나님의 조화로움이 자연과 우리의 삶 속에 깊이 녹아 있음을 보게 하는 책입니다.

_ 한명자 권사

들풀 위에 깃든 믿음!

『들풀 위에 깃든 사랑』과 『들풀 위에 깃든 소망』에 이어 새롭게 태어난 세 번째 책 제목입니다.

들풀에는 하나님의 사랑·소망·믿음이 고스란히 깃들여 있습니다. 가끔 마음이 혼란스러울 때는 들판으로 나갑니다. 문만 열면 바로 산들입니다. 눈을 들어 바라보면 수많은 들풀을 쉽게 볼 수 있습니다. 들풀들은 나의 등장을 환영하기라도 하듯이 두 손을 살랑살랑 흔들어 댑니다. 아장아장 소리를 내며 흐르는 시냇물과 뼛속 깊은 곳까지 스며드는 뻐꾸기 소리가 연주되어 들풀들의 합창이 하늘로 들로 퍼져 갑니다. 나의 손으로 가볍게 들풀의 몸을 어루만집니다. 그리고 나의 속사정을 털어놓기 시작합니다.

"너의 빛이 순수하구나. 거룩한 옷은 누가 입혀주었니? 예수님이 너를 솔로몬의 모든 영광보다 더 찬란하다고 하셨는데, 사실 예수님의 말씀을 완전히 이해하지 못하는 내가 너무 아쉽구나. 미안한 말이지만, 너는 나를 완전히 이해하지 못할 거야. 내가 어떤 생각을 하고 있는지, 어떤 갈등을 겪고 있는지, 이것이 나에게 얼마나 심각한지, 너는 알지 못할 거야."

"그냥 나를 보고 느껴보렴. 어떤 해답을 얻으려고 하지 말고."

들풀의 언어는 말이 아닌 몸짓과 향기입니다. 들풀은 천천히 부드럽게 나를 치유하고 있습니다. 들풀에 깃들어 있는 믿음이 나를 그의 가느다란 손으로 하나님의 보좌 위에 올려놓습니다. 들풀에서 순수하고, 영원한 믿음의 주인이신 예수님을 봅니다.

옭매기 골에 사는 심 씨 할머니는 들풀 가운데 족도리풀과 같이 생겼습니다. 그래서 족도리풀이라고 들풀 이름을 붙여드렸습니다. 이 풀은 땅에서 잎이 올라오고 뒤이어 꽃이 땅에서 올라옵니다. 꽃은 사랑을 가득 담고 있는 작은 항아리처럼 생겼습니다. 심 씨 할머니도 인정이 얼마나 많은지 모릅니다. 할머니가 중풍으로 쓰러지셔서 인천에 있는 요양병원에 입원해 계시다가 얼마 전에 홍천 병원으로 오셨습니다. 여전히 몸을 움직일 수 없고 누워 계십니다. 병실문을 열고 들어서자, 할머니는 나를 알아보고 오른손을 흔들면서 인사를 합니다. 다가가 손을 잡아드렸습니다.

"목사님 오셨네."

"안녕하세요. 다시 홍천으로 오셨네요. 그동안 얼마나 고생하셨어요? 많이 보고 싶었습니다."

"목사님, 잠잘 때마다 나에게 알려주셨던 '하나님, 도와주세요'라는 말로 기도해요."

"맞아요. '하나님, 도와주세요'라고 꼭 기도하세요. 그러면 하나님이 반드시 도와주세요."

"그리고 찬송가를 불러요. 삼천리 반도 금수강산 하나님 주신 동산 … 일 하러 가세 일 하러 가."

할머니가 가느다란 소리로 찬송가를 끝까지 부르는 것에 놀랐습니다. 할머니는 일제 강점기에 태어나서 해방을 맞이했고 당시 농촌계몽에 이 찬송가가 널리 알려지면서 마을마다 모여서 불렀다고 했습니다. 찬송가를 다 부르신 할머니는 자신의 소원을 말했습니다.

"목사님, 새벽에 일어나서 밭에 가서 일하고 저녁에 해지면 돌아와서 잠자고 다음 날 또 일하고 평생 일만 하면서 살 때는 좀 쉬어봤으면 했는데 이렇게 병원에 누워만 있으니 일하고 싶어요. 밭에 나가고 싶어요."

이렇게 말씀하시는 심 씨 할머니는 내가 그렇게 좋아하는 들풀의

❀⸳⸳❀⸳⸳❀⸳⸳❀ 들풀 위에 깃든 믿음

모습이었습니다. 요즘 초롱꽃이 한창입니다. 햇볕 잘 드는 밭모퉁이에 다소곳이 무리를 지어 피어 있는 초롱꽃의 모습은 분명 솔로몬의 모든 영광보다 더 큽니다. 그래서 나는 들풀 중에 초롱꽃으로 나의 들풀 이름으로 삼았습니다. 고개를 항상 아래로 향하면서 자기 모습을 드러내지 않으려고 힘쓰는 모습이 은은한 감동을 줍니다. 들풀은 자신을 스스로 꾸미지 않습니다. 오직 하나님이 친히 지어주신 믿음과 은혜의 옷을 입고 있습니다. "이 백성은 실로 풀이로다"(사 40:7). 들풀은 농부의 돌봄이 아닌 오직 하나님의 돌보심만 의존하는 존재입니다.

하나님이 쓴 책이 두 권 있는데 하나는 성경이고, 다른 하나는 자연이라고 합니다. 나는 여기에 한 권의 책을 더하고 싶은데 바로 '나'라는 책입니다. "너희는 우리로 말미암아 나타난 그리스도의 편지니 … 오직 육의 마음 판에 쓴 것이라"(고후 3:3). 하나님은 성경을 통해, 자연을 통해, '나'를 통해서 자신을 드러내기를 기뻐하십니다. 그래서 들풀 위에 깃든 믿음은 성경, 자연 들풀, 나라는 책을 쓰신 하나님의 이야기입니다. 책을 출간하면서 그동안 믿음의 여정을 함께 해온 도심리교회 성도들, 내 아내와 나의 딸, 조이와 샤론, 격려를 아끼지 않는 믿음의 동역자들, 들풀 같은 도심리 마을 주민들, 산과 들에서 늘 나를 반겨주는 들풀들에게 감사와 사랑의 마음을 전합니다.

2024년 8월
사랑에 빚진 자 홍동완

● 차례 ●

밤새 내린 하얀 눈을 바라보며
왠지 모를 송구스러운 마음으로
선물로 주신 하얀 새해를 가슴에 안습니다.
새해, 새달, 세월보다 크시고
인생의 모든 문제보다
크신 하나님을 묵상합니다.

새해에는 잣나무가 추위에도 항상 푸르고
꿋꿋하게 견디며 찬란한 봄을 기다리는 것처럼
변치 않는 순결한 믿음으로
주님의 기쁨이 되는 성도의 삶을 살게 하소서.

어두울수록 더욱 찬란하게 빛나는
밤하늘의 별처럼
온유한 성령의 빛을 비추어
나뿐만 아니라 모든 사람에게
하나님의 영광을 드러내는
새해가 되게 하소서.

더러움 속에서도
깨끗함을 유지하는 달

겨울 견딤

　밤새 하얀 눈이 소복이 내렸습니다. 장독 위에 내린 눈은 꼭 호빵처럼 생겼습니다. 산에도 밭에도 골짜기 바위 위에도 사뿐히 내려앉았습니다. 나무마다 큰 손 작은 손으로 고이 받아 들고 있는 눈의 모습은 하얀 목화송이처럼 보였습니다. 눈을 너무 낭만적으로만 바라보고 있지 않나 하는 생각에 이르자 눈에 덮인 세상이 측은하게 보였습니다. 나무들은 걸친 옷 하나 없는 생 살갗가지에 차가운 눈을 그대로 입고 있습니다. 얼마나 추울까요? 나무뿌리는 바위보다 더 단단하게 보이는 얼음 땅속으로 뻗어 있습니다. 고통의 신음은 들리지 않지만 얼마나 견디기 어려울까요? 지나가는 바람이 밤나무 가지 사이에서 휘파람 소리를 냈습니다. 은은하고 길게 이어지는 소리는 아마도 봄을 은근히 기다리는 노래일 것입니다. 겨울나무들은 견디고 있습니다. 양지바른 돌담 밑에 쌓여있는 포근한 하얀 눈을 살짝 치우자 모습을 감추었던 토끼풀이 생기발랄한 파란빛을 드러냈습니다. 민들레 뿌리도 얼어있는 땅 밑으로 그의 뿌리를 깊이 내린 채 견디고 있습니다. 산짐승들도 연한 나뭇가지를 잘라 먹으면서 견디고 있습니다. 모든 피조물이 견디고 있습니다. 이 견딤이 찬란한 봄을 만들어 낼 것입니다.

우리 인생에도 겨울이 있습니다. 이런 때 너무 따뜻함만을 찾아다니지 말고 인생의 겨울을 잘 견뎌야 합니다. 그래야 우리는 훗날 그 겨울을 잘 견디었다고 말할 것입니다. 추운 겨울을 기꺼움으로 견디면 아름다운 봄을 맞이할 수 있고, 겨울을 거부하고 짜증으로 보낸다면 곧 오게 될 봄을 기쁨의 탄성으로 맞이할 수 없습니다. 추운 겨울, 하얀 눈, 시커먼 밤, 싸늘한 바람이 한꺼번에 나에게 왔습니다. 옷깃을 치켜세우고 실눈을 뜨고 걸으면서 그냥 견디기로 했습니다. 아무리 두리번거려도 먹을 것이 없다고 울고 있는 억새 위에 앉아있는 참새도 견디고 있습니다. 이 추운 겨울, 일이 없는 것이 아니라 모든 피조물은 엄청나고 치열한 일을 하고 있는데 바로 견딤입니다. 도심리 주민들도 견디고 있습니다.

이동명 성도님이 위독하다는 소식을 들었습니다. 대장암으로 수년 동안 항암 치료받으며 견디어 왔습니다. 코로나로 만남이 어려웠지만, 가끔 조심스럽게 방문하여 기도를 해드렸습니다. 작년에 돌아가신 이춘상 집사님의 첫째 아들입니다. 굴삭기 기사였기에 작업이 필요할 때마다 요청하곤 했습니다. 전화를 받고 병원에 병문안하려고 했지만,

코로나 탓에 할 수 없었습니다. 딸이 병상을 지키고 있었습니다. 딸의 말로는 "아빠가 말은 하지 못하지만 들을 수는 있어요"라고 했습니다. 그래서 내가 전화로 기도할 수 있는지 확인한 후 간절히 기도했습니다. 기도를 마치고 이동명 성도님에게 다음과 같이 기도를 속으로 계속하라고 말했습니다.

"하나님, 도와주세요."

이틀 후에 사망 소식을 들었습니다. 슬픔과 안타까운 마음으로 장례식장에 갔는데 놀라운 소식을 들었습니다. 하나님이 큰 은혜를 그에게 베풀어 주셨습니다. 딸이 나에게 말했습니다.

"목사님, 저의 아빠가 목사님이 기도해 주신 후에 속에 막혀있던 것이 뻥 뚫리는 듯한 경험을 하셨고 잠을 잘 주무셨습니다. 그리고 꿈에 아빠가 하얀 옷을 입고 천국에 다녀왔다고 말씀하셨습니다. 말을 조금도 못했었는데 말도 하시고 매우 기쁜 모습으로 숨을 거두셨습니다. 목사님, 감사합니다."

장례를 치르는 동안 이제 혼자 남게 된 딸을 특별히 위로해 주었습니다. 앞으로 견뎌야 할 남겨진 삶이 매우 혹독한 추운 겨울일 수 있기 때문입니다.

★›››》 ❀ ‹‹‹‹★ ❀ ›››》 ‹‹‹ 들풀 위에 깃든 믿음

견딤의 순간에는 전진하기보다는 원래 상태를 잘 유지해야 합니다. 고통과 시련의 순간이 오면 대부분 사람은 뒤로 물러서거나 더 잘해보려고 힘씁니다. 그러나 현 상태를 유지하는 것만으로도 전진하는 것과 같습니다. 나무는 겨울에도 자랍니다. 이것을 증명하는 것이 나이테입니다. 나이테는 추운 겨울을 지났다는 표시입니다.

추운 겨울이 지나야 봄 여름 가을에 힘차게 자랄 수 있습니다. 견딤의 순간에는 꿈을 가져야 합니다. 꿈은 견딤의 순간을 넘어설 수 있도록 합니다. 찬란한 봄은 나무가 겨울을 이기게 하는 힘이 됩니다. 이 땅을 살아가는 모든 인생이 꼭 차가운 겨울과 같은 고난의 길을 걸어갑니다. 천년을 버틸 수 있는 집을 짓기 위해서는 천년 자란 나무로 건축해야 한다고 합니다. 이 땅에서 우리의 시련이 필수적인 이유는 영생을 얻기 위해서입니다. 영원한 복을 누리기 위해서는 영원한 시련이 있어야 합니다. 그런데 주님이 우리 대신 이것을 감당하셨습니다. 우리는 이 땅에서 잠깐 시련을 겪지만, 우리의 시련을 담당하신 예수님 때문에 영원에 동참할 수 있습니다. "우리 주님의 오래 참음이 구원입니다"(벧후 3:15, the long suffering of our Lord is salvation. NKJV). 현재의 고난은 장차 우리에게 나타날 영광과 비교할 수 없습니다(롬 8:18). 끝까지 견디는 사람은 구원을 얻습니다(마 24:13).

끝까지 견딤

"반장님, 어디 계셔요?"

"교회에 있습니다."

"우리 똘이가 죽었어요. 어머님 혼자 계시는데⋯."

"똘이가요? 언제요?"

"아침까지 괜찮았는데 점심때 현관문 앞에 쓰러지더니 다시 일어나지 못하고 눈도 못 뜨고 죽었어요. 제가 멀리 나와 있어서 집에 갈 수가 없어요. 어떡하죠?"

"알았어요. 걱정하지 마세요. 제가 가서 보고 해결할게요."

춘천에 살고 있는 허 씨 할머니 큰아들로부터 온 전화였습니다. 할머니와 15년 동안 동고동락했던 누렁이 똘이가 세상을 떠났습니다. 얼마 전에 탈장 수술을 받고 건강해지는 듯했습니다. 내가 가면 문 앞에 앉아있다가 꼬리를 힘겹게 흔들면서 다가와 아는 체를 하곤 했습니다. 시골에서 개를 키우는 목적 중 하나는 복날 몸보신용입니다. 그동안 수많은 복날을 잘 넘기면서 할머니의 오랜 친구로 살아왔습니다. 몇 년 전에 할머니도 팔십 넘은 나이에 위 수술을 받고 병원에서 몇 달 시한부 선고를 받았습니다. 병문안하고 간절히 기도해 드린 후에 좀 더 큰 병원에 가서 진료를 받아보길 권했습니다. 그 후로 할머니의 건강이 좋아지셔서 2년 넘게 사시고 계십니다. 할머니를 만날 때마다 가끔 나의 기도로 건강해지신 거라고 웃으면서 말씀드립니다. 할머니는 하루하루 잘 견디고 계십니다.

올겨울 들어 가장 추운 날이었습니다. 할머니 집에 도착하자 할머니는 현관문 앞에 나와 계셨습니다. 현관문 앞에 누런 자루로 똘이를 덮어놓았습니다. 자루를 걷고 몸 이곳저곳을 만져 보았습니다. 평온한 모습으로 눈을 감고 있었지만, 싸늘한 몸은 딱딱하게 굳어있었습니다. 삽과 곡괭이를 들고 집 옆에 있는 양지바른 곳으로 갔습니다. 햇볕이 잘 드는 할아버지 산소 근처에 있는 뽕나무 밑에 구덩이를 팠습니다. 몹시 추웠기에 땅이 얼었으면 어떡하나 했는데 땅을 파는데 매우 수월했습니다. 구덩이를 다 파고 똘이를 두 손으로 안았습니다. 덩치에 비해 매우 가벼웠습니다. 똘이를 구덩이에 누이고 흙으로 덮었습니다. 할머니를 모시고 와서 다 묻은 것을 보여드렸습니다.

"내가 먼저 가야 하는데 니가 먼저 가냐? 나쁜 것…."

할머니는 퉁명스럽게 말했지만, 눈가에 붉은빛이 가득했습니다. 할머니는 커피를 마시고 가라고 나를 집안으로 이끌었습니다. 차를 마시면서 똘이에 대한 추억을 나누다가 할머니에게 간곡히 요청했습니다.

"할머니, 추운 겨울 잘 견디세요. 이제 봄이 오면 더 건강해지실 거예요."

가끔 우리 교회에 신학생 혹은 목사님들이 방문합니다. 그러면 이곳 도심리 마을에서 교회를 개척하고 지금까지 사역했던 역사를 나누고 마지막으로 나의 영성을 나눕니다.

하나, 처염상정(處染常淨)하라(왕하 5:18).

둘, 절대불노(絕對不怒)하라(약 1:20).

셋, 감동되는 일을 하라(롬 16:4).

넷, 정직하라(잠 23:16).

다섯, 운동하라(딤전 4:7).

여섯, 하루살이하라(마 6:34).

일곱, 지나치다 싶을 정도로 나눠라(히 13:16).

여덟, 독서하고 메모하라(계 1:19).

아홉, 자연을 느끼고 모든 피조물을 사랑하라(요 3:16).

열, 지속하라.

모두 소중한 나의 삶의 영적 가치가 있는 것들입니다. 그중에서 마지막 "지속하라"로 지금 나를 지탱하고 있습니다. 지속한다는 것은 견디는 것입니다. 나의 영성에 대해서 나눈 후에 한 번 더 강조하고 싶어서 말합니다.

"저는 할 줄 아는 것이 하나도 없습니다. 하나 있다면 버티기입니다. 지금도 버티고 있고 앞으로도 버틸 겁니다."

하나님 나라 사역이 열매를 맺지 못하는 큰 이유 중 하나는 견디지 못하기 때문입니다.

겨울은 견딤의 계절입니다. 얼음 밑으로 흐르는 시냇물 속에 물벼룩들이 견디고 있습니다. 우리 집 강아지인 미래와 둘로스도 콧물을 흘리며 견디고 있습니다. 사방으로 가지를 뻗어 있는 밤나무도 견디고 있습니다. 차가운 밤하늘에 구름으로 반쯤 가려 있는 반달도 견디고 있습니다. 교회 동산 위에 있는 십자가는 소복이 쌓인 눈을 두 팔로 받아 견디고 있습니다. 견디고 있는 것들이 많습니다. 아니, 세상 모든 것은 견디고 있습니다. 주변에 나를 괴롭게 하고 아프게 하는 사람들이 없다면 어떻게 나의 영혼이 말똥말똥한 눈으로 서 있을 수 있을까요? 견딤은 훗날 은총의 꽃으로 피어날 것입니다. 견뎌야 쓰임 받을 수 있고 견디는 시간만큼 쓰임의 시간이 결정됩니다. 진정 쓰임 받기를 원한다면 견뎌야 합니다. 구원은 그리스도 안에서 믿음과 은혜로 받습니다. 이런 교리를 잘 몰라도 구원은 끝까지 견디는 자가 받게 됩니다 (마 24:13). 누구보다도 우리 주님이 가장 오랫동안 견디고 계십니다.

"오직 주께서는 너희를 대하여 오래 참으사"(벧후 3:9).

견딤 속에 있는 돌멩이는 순결하고 거룩한 진주로 변하고 있습니다.

도심리 방주

참매가 시냇물 위 계곡에서 날개를 푸드덕거리면서 공중으로 힘겹게 날아올랐습니다. 옆에 있던 까마귀도 시커먼 날개를 휘저으며 '나는 까마귀다'라고 외치듯 자기 몸보다 몇 배 더 큰 울음소리를 내면서 물푸레나무 사이를 날아올랐습니다. 요 며칠 시냇물 옆에 있는 곰취밭에서 참매와 까마귀가 연신 날아오르는 것으로 보아 강추위에 산짐승 하나가 얼어 죽어있는 것이 분명합니다. 코로나 시대에 겨울을 나는 짐승들도 생존의 절박함은 사람과 매한가지인 듯합니다. 얼어있는 하늘이 시냇물로 내려와 기다랗고 하얀 얼음 띠를 만들어 놓았습니다. 얼음 밑으로 흐르는 물소리를 들었습니다. 작곡가 라벨(M. J. Ravel)은 귀를 얼음에 대고 그 밑으로 흐르는 소리를 들으면서 '물의 유희'라는 곡을 작곡했을 것입니다. 물소리 하나하나가 나의 귀를 가볍게 만지고 지나갔습니다. 겨울이 이렇게 포근할 수 있을까요? 겨울이 이렇게 신비의 깊음을 간직할 수 있을까요? 나의 엄지발가락을 꼼지락대면서 땅에서 올라오는 시원(始原)의 생기가 나의 온몸을 휘감고 있습니다. 그것이 다시금 생의 용기를 갖게 했습니다. 하늘 향해 두 팔 벌린 나무들처럼 두 팔을 넓게 벌리고 "그래, 다시 시작하자!"라고 외쳤습니다.

백 씨 아저씨로부터 전화가 왔습니다. 아저씨의 건강이 썩 좋지 않습니다. 특별히 폐가 아파서 병원에 계속 다니고 있었습니다. 가끔 호흡곤란이 올 경우를 대비해서 흡입용 기관지 확장제 기구를 늘 옆에 두고 계셨습니다. 그러던 아저씨가 원자력 병원에 입원했다고 연락이 왔습니다.

"목사님, 병원에 왔는데 대장에 혹이 생겼대요. 진찰받고 수술까지 하려면 앞으로 3개월은 있어야 한다고 합니다. 올겨울은 병원에서 지내야 할 것 같습니다. 목사님, 부탁이 하나 있습니다. 겨울 추위에 집 안의 물이 얼지 않도록 화장실에 수도를 조금만 틀어주세요. 현관문 비밀번호는 1234입니다. 목사님께 늘 어려운 부탁만 드려서 죄송합니다."

한동안 저에게 교회에 나가 믿음을 가질 거라고 말해왔는데 차일피일 미루다가 이제는 병원 신세를 지게 되었습니다.

들풀 위에 깃든 믿음

"아저씨, 걱정하지 마시고 치료 잘 받으시고 돌아오세요. 제가 아저씨를 위해 늘 기도하고 있다는 사실은 잊지 마세요."

하 씨 할머니의 큰아들로부터 전화가 왔습니다.

"목사님, 저의 어머니가 병원에 입원했습니다. 위암이라고 합니다. 식사를 잘하지 못해서 영양제만 맞고 있습니다. 병원에서는 어머니가 기력이 너무 없고 병세가 악화되어 수술할 수 없다고 합니다. 그래서 병원에 2주 정도 있어야 합니다. 그동안 집에 있는 개와 닭에게 사료와 물을 줄 사람이 없습니다. 목사님이 도와주세요. 따뜻한 물은 부엌에 있습니다. 집 열쇠는 현관문 앞 화분 밑에 있습니다."

하 씨 할머니는 매우 건강했습니다. 연세는 84세이지만 꼭 봄날 노랑나비처럼 사뿐사뿐 다니셨습니다. 동갑내기 신 씨 할머니가 옭매기골에 사는데 그곳을 가끔 운동 삼아 다녔습니다. 그런데 갑자기 몸이 쇠하기 시작하더니 거동하지 못하시고 얼굴에 주름이 확연히 드러나고 눈동자에도 힘이 없어졌습니다.

"걱정하지 마세요. 제가 닭과 개들의 사료와 물을 챙길 테니 치료 잘 받으세요."

백 씨 아저씨와 하 씨 할머니는 나에게 집을 자유롭게 드나들 수 있도록 열쇠를 맡겼습니다. 아무리 다급해도 그렇지 어떻게 집안을 마음대로 드나들 수 있도록 허락할 수 있을까요. 부탁받은 일을 하기 위해 백 씨 아저씨의 현관문을 열고 집안에 들어갔습니다. 평소에 지내셨던 흔적이 고스란히 남아 있었습니다. 탁자 위에는 TV를 보다가 드셨던 귤껍질이 놓여 있었습니다. 작은 플라스틱 상자에는 이런저런 약들이 담겨 있었습니다. 싸늘하고 적막한 거실에 멈추어 서서 아저씨를 위해 하나님의 자비와 긍휼을 기도했습니다.

올해 우리 교회에서는 '도심리 방주 만들기'를 계획하고 있습니다. 흔히 교회를 방주에 비유합니다. 그러나 교회를 단순히 방주에 비유하면 교회와 세상을 분리해서 보게 합니다. 군이 교회를 방주에 비유한다면 노아의 완성된 방주가 아니라 건축 중인 방주가 되어야 할 것입니다. 노아의 방주는 노아만 지었습니다. 그러나 도심리 방주는 교회 성도들과 마을 주민들이 함께 건축할 것입니다. 노아 당시에도 방주를 마을 사람들과 함께 지었다면 더 많은 사람이 구원받지 않았을까 상상해 보았습니다. 올해는 마을 반장인 나를 비롯한 노인회장도 우리 교회 집사님이고, 부녀회장도 우리 교회 권사님이 맡게 되었습니다. 이것은 방주를 만드는 좋은 도구와 재료들입니다. 대장암으로 병원 한구석에서 절망해 있는 백 씨 아저씨, 위암으로 갑자기 찾아온 운명을 체념하고 있는 하 씨 할머니를 위한 공간을 마련하려고 합니다. 성난 물결이 그들을 삼킬 때 따뜻하고 편안한 안식처를 준비할 것입니다. 대홍수 때 노아의 방주 외에 구원의 방법이 없었던 것처럼 이 시대에 방주이신 예수님 외에는 구원이 없음을 믿습니다. 노아의 방주에는 사람보다는 동물이 비교할 수 없을 정도로 많았습니다. 하나님이 동물들을 위한 배려에 놀랍지 않을 수 없습니다. 도심리 방주도 마을 주민들과 함께 지어가면서 동물들을 위한 자리도 마련할 것입니다. 이것은 바로 하나님의 창조세계를 보존하려는 것입니다. 그래서 도심리 방주가 하나님, 사람, 피조물이 함께 어우러지는 교회가 될 것입니다. 이 꿈이 이루어질 수 있을까요? 믿습니다.

"그리스도 예수 안에서 함께 지어져 가느니라"(엡 2:22).

사랑 그 자체이신 하나님,
사랑의 선물로 2월을 주셔서 감사합니다.
'하나님께 기도한다고 될까'라는 의심을 버리고
기도하는 것보다 더 풍성하게 채우시는
하나님을 믿게 하옵소서.

섬김을 받기 위해서가 아닌
섬기기 위해 오신 예수님,
'저 사람은 안 될 거야'라는 생각을 버리고
끝까지 사랑하고 섬길 수 있도록
예수님 마음으로 채워주소서.

따뜻한 사랑의 원천이신 성령님,
차가운 얼음 밑으로 흐르는 시냇물은
새 생명의 봄을 준비하고 있습니다.
'2월에 무슨 특별한 일이 있을까'라는 생각을 버리고
새 마음, 새 꿈으로 다시 시작할 수 있도록
소망의 열정으로 채워주소서.

이월

바위처럼
절대 화를 내지 않는 달

한 알의 밀

　주일 아침이었습니다. 예배 준비를 마치고 설교 노트를 들고 교회 뒷동산에 올랐습니다. 예배 전에 한 번은 이곳에 올라 설교 연습을 합니다. 설교를 시작하려고 앞을 내다봤습니다. 청중들은 겹겹이 이어져 있는 작은 산들과 나무, 하늘을 활보하고 있는 때까치들입니다. 그리고 골짜기마다 땅과 함께 살고 있는 우리 주님이 사랑하는 주민들입니다. 하나님의 은혜와 생명의 햇살이 천지에 충만했습니다. 집들은 보이지 않았지만, 굴뚝에서 나오는 하얀 연기가 골짜기마다 살아 있는 수채화를 그리고 있었습니다. 잣나무 숲에서 불어오는 바람은 제법 소리를 내며 내 옆을 지나갔습니다. 설교를 시작하려는 나에게 한 음성이 바람과 함께 들려왔습니다.

　"너는 나 하나로만 만족할 수 있느냐?"

'무슨 소리지?' 잠시 멈칫했지만, 금방 주님의 음성인 것을 알 수 있었습니다. 나는 매우 어렵지 않게 대답했습니다.

"물론입니다. 주님! 저는 주님 한 분만으로만 만족할 수 있습니다."

대답하고 나자, 내 마음 안에 의문이 들어왔습니다.

'주님이 왜 이런 질문을 나에게 하셨을까? 주님이 내 마음을 모르시지는 않을 텐데….'

동시에 자문해 보았습니다.

'내가 정말 주님 한 분만으로 만족하고 있는 걸까?'

좀 더 깊이 생각하자 내 마음은 복잡해지기 시작했습니다. 마침내 내린 결론은 지금 나는 오직 주님 한 분만으로만 만족하지 못하고 있다는 것이었습니다. 교회를 건축하고 난 후에 나는 온통 교회에 관심을 가졌습니다. 교회를 어떻게 더 잘 가꿀 생각에 사로잡혀 있습니다. 코로나19로 인해 비대면 사회가 되었음에도 우리 교회를 찾는 발길이 드물게 이어졌습니다. 목사님들, 신학생들, 성도들뿐만 아니라 일반 사람들까지도 방문했습니다. 땅속 교회를 보고 나의 목회 이야기를 들는 사람들은 감탄의 말을 쏟아놓았습니다. 이런 말을 들으면 들을수록 나의 마음은 하나님과의 순결한 관계가 형식적인 관계로 퇴색되어 갔습니다. 처음 도심리 마을에 왔을 때 주님이 주신 말씀은 순수한 마음으로 주님의 복음을 행동의 언어로 전하라는 것이었습니다. 그런데 지금은 마음 한구석에 흑심이 들어가기 시작했습니다.

도심리 교회가 개척되고 지금까지 마을 전체를 하나님 나라 공동체로 만들어 가는 꿈을 꾸고 진행하고 있습니다. 마을 주민 모두가 한마음과 한목소리로 주님을 찬양하고 예배하면서 서로 사랑하는 공동체를 이룬다는 것은 놀라운 꿈이 아닐 수 없습니다. 그런데 이것이 변질되어 주님을 위한 것이 아니라 바로 나 자신을 위한 것으로 바뀌고 있는 것을 느끼게 되었습니다. 주님 한 분만으로 만족하고 있는 내가 아니라 주님 위에 올라앉아서 나의 만족을 추구하고 있음을 깨닫게 되었습니다. 나의 열심은 나를 위한 것이고, 교회 부흥도 나를 위한 것임을 부인할 수 없었습니다. 지금까지 헌신한 수많은 밀알이 모여서 주님의 교회를 이룬 것인데 감히 나 혼자 한 것처럼 생각하고 있었습니다.

잠시 나의 슬픔을 표현해야 합니다. 친형님이 얼마 전에 바닷가에서 낚시하다가 파도에 휩쓸려 실종되었습니다. 평생을 한 직장인 은행에서 일하다가 퇴직한 후 추자도에서 지내다가 사고를 당했습니다. 아직도 형님의 행방을 알 수 없기에 둥근 호박 같은 돌이 나의 마음을 누르고 있습니다. 이제 갓 60의 나이를 넘겼고 나와는 한 살 차이입니다.

들풀 위에 깃든 믿음

가난했던 어린 시절을 함께 보내면서 때로는 친구처럼 지내기도 했습니다. 형님은 천성적으로 착한 성품을 지니고 있었습니다. 뛰어난 두뇌를 가지고 있어서 똑같이 공부하는 것 같은데 언제나 우수한 성적을 올렸습니다.

고등학교 다닐 때 형님은 영어로 성경을 읽어보겠다고 광화문 교보문고에서 영어 성경을 샀습니다. 영어 성경을 옆구리에 끼고 다니는 모습이 매우 좋게 보였습니다. 그 영어 성경은 New English Bible이었습니다. 내가 신학교에 들어가자, 형님은 그 영어 성경을 나에게 선물로 주었습니다. 지금도 이 영어 성경은 내 책상 앞에 꽂혀 있습니다. 설교를 준비할 때 한 번은 꼭 보는 영어 성경 중의 하나입니다. 앞으로도 더욱 그럴 것입니다.

실종되었다는 소식을 듣고 추자도 현장에 가보았습니다. 보기에도 매우 위험한 곳이었습니다. 가파른 절벽과 이어진 갯바위에 기대어 낚시하다가 파도에 휩쓸리면 어쩔 도리가 없을 것처럼 보였습니다. 세상적으로, 인간적으로 너무 슬프고 안타까웠습니다. 파도 소리를 들으며 추자도 앞바다에 눈물을 뿌리고 돌아오면서 '왜? 어떻게 살아야 하나?' 새롭게 생각하게 되었습니다. 그러다가 한 알의 밀을 묵상했습니다. 나의 형님은 한 알의 밀처럼 나의 마음 밭에 떨어졌습니다. 가장 최근에 떨어진 또 하나의 밀알입니다. 형님이 못다 이룬 꿈을, 그의 못다 이룬 삶을 나의 삶 속에서 생명의 열매를 맺으리라고 다짐했습니다. 한 알의 밀이신 예수님이 나의 마음 밭에 떨어져 열매를 맺고 있는 것처럼 나도 누군가의 마음 밭에 떨어진 한 알의 밀이 되기를 힘쓸 것입니다(요 12:24). 이제 주님의 질문에 담대히 대답할 수 있을 것 같습니다.

　　"주님, 제가 주님 한 분으로만 만족합니다."

조금 더

입춘이 훌쩍 지났는데 추위는 여전합니다. 마음은 이미 봄 언덕에 올라 봄풀 향기에 취해 있는데 몸은 추운 겨울에 묶여 있습니다. 나만 보면 반갑다고 촐싹대며 달려들던 교회 지킴이 샬롬이가 추워서인지 열린 문틈으로 코를 내밀고 몇 번 씰룩거리더니 이내 현관 안으로 들어가서 나오질 않습니다. 교회 아래 도로에는 노란 조끼를 입은 마을 어르신들이 휴지를 줍고 계셨습니다. 어지간히 추운 듯, 머리에는 노란 군밤 장수 모자를 뒤집어쓰고 있었습니다. 농협에서 나온 비료를 집마다 나눠주고 교회 사무실 안으로 들어갔습니다. 작은 전기난로에 불을 켜고 자리에 앉으려고 하는데 최 씨 아저씨로부터 전화가 왔습니다.

"목사님, 어디 계셔요? 우리 집 하수구가 얼었어요. 혹시 해빙기가 있나요? 있으면 좀 빌려주세요."

겨울에 수도시설이 얼어서 물이 나오지 않는 경우가 있어서 겨울이 오기 전에 해빙기를 하나 장만해 두었습니다. 처음으로 이 씨 아저씨가 언 수도를 녹인다고 가져갔다가 물통에 물을 채우기도 전에 전원을 연결하는 바람에 열선이 타면서 사용하지 못하고 다시 교환해야 했습니다. 그래서 이번에도 빌려줬다가 또 못쓰게 될 것 같아서 해빙기를 빌려주는 데 마음이 내키지 않았습니다. 그리고 방금 일을 마치고 들어와서 해야 할 일이 꽤 있어서 잠시 주저했습니다. 그때 나의 약한 무릎을 일으켜 세운 것은 '조금 더'의 마음이었습니다. 그래서 최 씨 아저씨에게 말했습니다.

"빌려줄 수 없습니다. 이 해빙기는 전문가용이라 전문가가 해야 합니다."
"해빙기에 전문가용이 어디 있어요. 다 똑같죠."
"아닙니다. 전문가인 제가 해야 합니다. 제가 지금 가지고 가겠습니다. 물통에 채울 물과 전기선만 연결해 놓으세요."

물론 아저씨가 듣기에 재미있으라고 그리고 마음에 어떤 부담을 주지 않으려고 한 말이었습니다. 다시 옷을 덧입고 장갑과 마스크를 착용하고 아저씨 집으로 향했습니다. 정화조에서 시냇물로 연결된 하수관이 얼어있었습니다. 해빙기의 물을 데우고 압력이 올라가자 뜨거운 수증기가 호수를 따라 뿜어져 나오기 시작했고 그것으로 하수관 속으

들풀 위에 깃든 믿음

로 집어넣으면서 얼음을 녹였습니다. 그러자 얼음으로 막혔던 관이 뚫리면서 물이 쏟아져 나왔습니다. 생활하수와 정화조의 물이었기에 냄새도 지독하고 온갖 부패한 것들이 물과 함께 쏟아져 나왔습니다. 그것을 보니 마음에 막혀있던 것이 뚫리는 듯함과 동시에 부패한 것들이 빠져나오는 것 같아 매우 시원한 느낌이 들었습니다. 아저씨의 고맙다는 인사말을 뒤로하면서 해빙기를 차에 싣고 교회로 왔습니다. '조금 더'가 만들어 낸 아름다운 그림이었습니다.

마가복음에 예수님이 제자들을 부르시는 장면이 나옵니다. 갈릴리 해변에서 고기를 잡는 베드로와 안드레를 부르셨습니다. 그 후에 야고보와 요한을 제자로 부르셨습니다. 이때 사용했던 말이 "조금 더 가시다가"입니다(막 1:19). 어떤 이유에서인지 예수님은 조금 더 가셨습니다. 만약 조금 더 가지 않았다면 야고보와 요한은 예수님을 만나지 못했고 그의 제자가 되지 못했을 것입니다. 예수님의 이런 행동이 야고보와 요한의 삶을 송두리째 바꿔놓았습니다. 특별히 요한은 주님의 사랑받는 제자로 요한복음, 요한일이삼서와 요한계시록이라는 책을 우리에게 선물로 주었습니다.

야고보는 제자 중 헤롯 아그립바 1세에 의해 가장 먼저 순교했습니다. "너희가 나의 마시는 잔을 마시며 나의 받는 세례를 받으려니와"라는 예수님의 말씀은 야고보와 요한에게 하신 것입니다. 전승에 따르면 야고보는 순교하기 전 지중해 부근에서 복음을 전했고 특히 지금의 스페인에서 복음을 전하다가 예루살렘으로 돌아와 순교했다고 합니다. 야고보의 순교 후 그의 유해는 성도들에 의해 배에 실려 그가 복음을 전했던 스페인으로 갔고 그곳에 묻혔다고 합니다. 훗날 별빛이 인도해서 그의 무덤을 알게 되었다 해서 '별의 들판'이란 뜻으로 캄푸스 스텔라(Campus Stellae)라고 불렀습니다. 이곳 이름이 산티아고입니다. 매년 세계의 수많은 순례자가 850km, 약 한 달 가까이 걸리는 이 순례의 길에 동참하며 기도하며 명상하고 제자의 삶을 마음에 새기고 있습니다. 야고보는 순교했으나 아직도 살아서 세계의 수많은 영혼에게 삶에 관해 질문하고 있습니다.

주님이 끊임없이 가르치고, 병 고치고, 귀신을 내쫓고, 인생들을 사랑한 일을 한 것은 바로 이 '조금 더'의 영성이었습니다.

우리 마을에서는 좀 떨어져 있는 이웃 마을에 사는 성도님이 우리 교회에 나왔습니다. 서울에 있을 때 같은 교회 부목사님이 우리 교회를 추천해서 오게 되었다고 했습니다. 제가 전화를 드리고 심방했습니다. 함께 예배하고 담소를 나누었습니다. 그동안 시골에 살면서 여러 교회를 다녔는데 교회 안에 성도들 사이에 사랑과 관심을 잘 느끼지 못했다고 했습니다. 그러면서 제가 심방 온 것에 대해서 매우 놀라는 표정이었습니다. 대화 중에 집사님이 질문을 했습니다.

"목사님, 예수님이 오 리를 가게 하거든 십 리를 동행하라는 의미가 뭐예요?"

　　이것 외에도 예수님은 오른뺨과 왼뺨, 속옷과 겉옷 등도 말씀하셨습니다. 이것은 예수님의 '조금 더'의 영성을 잘 표현한 말씀입니다. 오리는 2km이고 십 리는 4km입니다. 거리상 큰 차이가 없는 것처럼 뺨과 옷에 대한 말씀도 큰 차이가 없음을 의미합니다. '이 정도면 됐지'의 생각은 주님의 역사를 약화시킵니다. 그러나 '조금 더'의 영성은 완성될 때까지 중단할 수 없는 행동을 낳습니다. 우리는 목표에 거의 다다랐는데 포기할 때가 많습니다. 지금 여기(Here and Now)에서 '조금 더'의 영성을 가지면 마침내 주님의 영광을 볼 것입니다.

꿈과 동행

    밤샘 추위로 살얼음이 얼지만 해가 뜨면 이내 녹는 물웅덩이에 얼굴을 비추어 보면서 생각으로 먼저 봄기운을 느껴봅니다. 내가 사는 도심리의 무래리 골짜기에 가장 먼저 봄을 알리는 들풀 중의 하나는 산괴불주머니입니다. 언뜻 보기에는 당근잎처럼 생겼습니다. 성급한 듯 파랗게 나왔다가 이른 아침에 서리로 하얀 머리가 되어 있습니다. 얼고 녹기를 반복하다가 앙증맞고 가지런한 괴불 같은 노란 꽃을 곧 피울 겁니다. 들풀들의 생명의 신비가 어찌나 놀라운지요. 추우면 추운 대로 온몸으로 받아들이면서 그들의 생명을 이어갑니다. 들풀들은 오직 봄을 기다리며 봄꿈으로 모든 추위와 차가운 바위 같은 땅속 억압을 이기고 있습니다. 봄이 오면 들풀들은 준비하고 있다가 창공을 향해 꽃망울을 터뜨리고 뛰어오릅니다. 그들은 본능적으로 봄을 꿈꾸고 있습니다. 그들의 꿈은 형형색색 꽃으로 피어날 것입니다.

너무 놀라운 소식을 받았습니다. 대전에 있는 한 교회에서 부흥회를 인도해달라는 요청이었습니다. 그동안 내가 경험하고 보아왔던 부흥회를 생각하면 나에게는 다윗이 사울의 군복을 입은 것과 같이 어울리지 않는 모습이었습니다. 전화를 받고 목사님에게 좀 더 기도하고 결정하시라고 말씀드렸습니다. 보통 교회에서 기대하는 부흥회를 할 자신이 없었습니다. 주님께 무거운 짐과 같은 부흥회를 옮겨 주시길 기도했습니다. 다시 연락이 왔습니다. 그러면서 저를 부흥 강사로 선택하게 된 이유를 말했습니다.

　　"목사님, 웃겼다 울렸다 말 잘하는 부흥 강사는 많습니다. 그러나 이번에는 하나님이 저에게 삶이 있고 제가 존경하는 목사님을 강사로 하라는 마음을 주셔서 목사님께 요청하게 되었습니다."

　　이 말을 듣고 나자, 나의 삶에 대한 부끄러움과 하나님 앞에서 송구함 때문에 더 자신이 없었습니다. 목사님의 요청을 받고 기도하는 중에 하나님이 저에게 말씀해 주셨습니다.

　　"가서 부딪쳐라. 그 후에 일어나게 될 모든 일은 내가 할 것이다."

　　이 말씀을 듣고 모든 것을 하나님께 맡기고 부흥회 인도를 받아들였습니다. 집회는 총 여섯 번이었기에 설교도 여섯 편 준비했습니다.

설교의 전체 흐름은 나의 삶 가운데 함께하신 하나님과 도심리교회의 개척 과정이었습니다. 첫 번째 설교 제목은 내가 쓴 첫 번째 책의 제목인 '들풀 위에 깃든 사랑'으로 했습니다. 들풀같이 이름도 없고 어느 누구의 관심도 없었던 나를 하나님이 부르셔서 소중하게 사용하신 하나님의 사랑에 대해 나눴습니다. 두 번째 설교 제목은 '제주도와 홍천'이었습니다. 내가 하나님을 찾은 것이 아니라 하나님이 먼저 나를 찾아오신 인생의 주관자이신 하나님을 나눴습니다. 세 번째 설교 제목은 '마음의 길'로 도심리(道心里) 마을 이름의 뜻으로 마음의 길은 곧 주님이시기에 주님이 함께하는 마을이 되는 꿈을 나눴습니다. 네 번째 설교 제목은 '두 주인'으로 예수님이 나의 주인이고 또 다른 주인은 나를 제외한 모든 사람이 주인으로 여기고 예수님처럼 섬겼던 삶을 나눴습니다. 다섯 번째 설교는 '한 알의 감자'로 감자의 모습에서 하나님 나라 선교의 역동성을 나눴습니다. 끝으로 여섯 번째 설교는 '들풀 위에 깃든 소망'으로 나의 두 번째 책 제목이기도 합니다. 오직 하나님만을 의존하는 들풀처럼 꿈을 갖는다면 하나님이 놀라운 역사를 이룰 것을 말했습니다.

마지막 설교는 꿈에 관한 말씀이었습니다. 꿈은 꼭 샘물과 같아서 아무리 많이 꾸어도 질리지 않고 아무리 많이 말해도 싫증 나지 않습니다. "나에게는 꿈이 있습니다"를 외친 마틴 루터 킹 목사님의 외침이 쩌렁쩌렁 울리는 듯합니다. 목사님의 꿈은 결국 이루어졌습니다. 꿈은 꿈을 꾼 사람이 사라져도 계속 남아서 꿈을 이루어 갑니다. 황무지

들풀 위에 깃든 믿음

가 장미꽃같이 피어나고 사막에 샘이 넘쳐흐르는 꿈을 상상할 수 있을까요? 제가 도심리에 처음 왔을 때, 마을 분위기를 아직도 생생하게 기억합니다. 살벌한 분위기, 무시하는 분위기로 나를 재수 없고 미운 물건을 대하듯 했습니다. 그때 나에게도 주님으로부터 온 꿈이 있었습니다. 우리를 사랑하사 죄와 죽음에서 풀어주기 위해 이 땅에 오신 예수님의 사랑과 연민이 가득한 마을을 만드는 것이었습니다. 이 꿈이 나의 삶을 이끌면서 모든 어려움을 견딜 수 있도록 도왔습니다. 주님으로부터 온 꿈이기에 주님 안에서 이루어지고 있습니다. 주님이 함께하셔서 강원도 산골 마을인 도심리가 예수마을이 되면 이것이 한국 교회에 도전이 되고, 더 나아가 선교지에도 새로운 선교의 활력이 되고, 주님이 말씀하신 대로 땅끝까지 이르러 세계 교회에 성령의 권능으로 교회 부흥의 새 역사를 일으킬 꿈이 이루어지게 될 것입니다.

성경에는 삼위일체 하나님의 꿈이 고스란히 담겨 있습니다. 하나님과 동행한다는 것은 하나님의 꿈과 동행함을 말합니다. 하나님의 임재로 충만하면 하나님의 꿈은 더욱 선명해집니다. 햇살 밝은 아침, 나의 전 존재를 하나님의 임재로 채우면서 꿈과 동행하고 있습니다.

부끄러움

매실 나뭇가지에 앉아있던 산비둘기가 가까이 다가가자 황급히 날 갯짓하며 하늘로 날아올랐습니다. 그런 비둘기를 보다가 문득 부끄러운 생각이 들었습니다. 눈으로 비둘기를 쫓다가 파란 하늘에 오롯이 떠 있는 조각구름을 보았습니다. 누구의 간섭도 받지 않고 평화롭게 떠 있는 구름을 보면서 부끄러움을 느꼈습니다.

옭매기 골에 사는 신 씨 할머니가 중풍으로 쓰러지셔서 요양원에 입원한 지 거의 일 년이 되어갑니다. 꼼짝없이 병상에 누워 계신 할머니를 생각하니 부끄러운 생각이 들었습니다. 밖에 나갔다 돌아오면 하루 종일 나를 기다렸다는 듯이 뛰어와서 내 주변을 빙빙 돌면서 나의 환심을 사려고 최선을 다하는 둘로스를 보며 부끄러운 생각이 들었습니다. 한밤중에 화장실에 가기 위해 가끔 잠에서 깰 때도 있지만, 아내가 눈물로 기도하는 소리에 잠이 깨곤 했습니다. 그 모습을 보면서 한

★〉〉❀〈〈★〉〉❀〈〈 들풀 위에 깃든 믿음

없이 부끄러운 생각을 가졌습니다. 이런 부끄러움이 어디서 온 것일까를 생각해 보았습니다. 하나님의 은혜에서 왔습니다. 하나님의 은혜가 나를 부끄럽게 만들었습니다. 시공(時空)이 나를 감싸고 있을 뿐만 아니라 하나님의 은혜가 나를 감싸고 있습니다. 나의 존재에 대한 신비함과 만물의 신비함은 나를 하나님의 은혜 앞에 굴복하게 했습니다. 이 은혜가 부끄러움을 통해 나를 더욱 하나님께로 이끌었습니다.

많은 사람이 윤동주 시인을 사랑하지만 내가 윤동주 시인을 좋아하는 특별한 이유가 있습니다. 이십 년 전에 선교 훈련을 위해 호주에서 생활한 적이 있습니다. 그때 섬기던 호주한인교회에 윤동주 시인의 여동생인 윤혜원 권사님이 계셨습니다. 윤동주 시인을 좋아했던 나였기에 얼마나 반가웠는지 모릅니다. 권사님은 나에게 정음사에서 출간한 몇 안 되는 소중한 윤동주 시집 『하늘과 바람과 별과 시』를 선물로 주었습니다.

귀국한 후 교회에서 청년부 사역할 때 설교 시간에 윤동주 시인을 소개하고 가지고 있던 시집에서 "서시(序詩)"를 읽어 주었습니다. 예배 후에 한 자매의 요청으로 시집을 빌려주었는데 지금까지 자매와 시집의 행방을 알 길이 없어졌습니다. 서시에는 우리가 잘 아는 시구가 있습니다. '하늘을 우러러 한 점 부끄럼이 없기를', 윤동주 시인의 의식 밑바닥에는 부끄러움이 있었습니다. 그의 순결한 시심(詩心)은 부끄러움에서 나왔습니다.

내일이나 모레나 그 어느 즐거운 날에

나는 또 한 줄의 참회록(懺悔錄)을 써야 한다.

— 그때 그 젊은 나이에

왜 그런 부끄런 고백(告白)을 했던가.

_ "참회록" 중에서

딴은 밤을 새워 우는 벌레는

부끄러운 이름을 슬퍼하는 까닭입니다.

_ "별 헤는 밤" 중에서

인생은 살기 어렵다는데

시가 이렇게 쉽게 씌어지는 것은

부끄러운 일이다.

_ "쉽게 씌여진 시" 중에서

　최근에 나는 진짜 부끄러움을 경험했습니다. 우리 마을에 고위 공무원으로 오랫동안 일하다가 은퇴하고 들어와 사는 주민이 있습니다. 행정 경험이 많기에 좋은 일꾼으로 여기고 자주 만나서 대화를 나누며 우리 마을을 위해 함께 일하기로 했습니다. 올겨울에 눈이 제법 많이 왔습니다. 마을 길 제설이 늘 어려웠는데 군청에서 일한 것을 바탕으로 군청에 건의해서 제설차로 제설을 할 수 있도록 힘써 주었습니다. 인간적으로 많이 신뢰했습니다.

이런 분이 어느 순간 마을을 위한다고 하면서 나를 공격하기 시작했습니다. 교회의 목사이면서 반장일 보는 것이 못마땅했는지 반장을 기독교 포교의 도구로 사용한다고 비난하며 다녔습니다. 나는 반장이고, 우리 교회 집사님과 권사님은 노인회장, 부녀회장입니다. 마을의 행사를 하면 자연히 교회 성도들이 주도적으로 했습니다. 성도들에게 거듭 강조하는 것은 마을 직책을 전도의 도구로 생각하지 말고 순수하게 섬기라고 했습니다. 그런데 이런 말을 듣자, 마음에 분노가 일어났습니다. 더욱더 화가 난 것은 거기에 동조하는 마을 주민들이었습니다. 그동안 나름대로 주님의 사랑과 복음을 말이 아닌 행동의 언어로 전달하려고 힘썼는데 이런 상황에 부딪히자, 낙심과 허탈함이 거센 파도처럼 밀려왔습니다.

그러다가 다시 생각하기로 했습니다. 나의 입장이 아닌 주민들의 입장에서 이 상황을 바라보기로 했습니다. 진실로 그들을 주님의 사랑으로 섬겼나를 돌아보았습니다. 무교회 지역이었던 우리 마을에 교회를 개척하고 교회 건축까지 한 것을 성공한 목회로 자랑하고 다닌 것이 부끄러웠습니다. 나를 비난한 마을 주민의 말을 받아들여 더욱 순수하게 주님의 복음적 삶을 다짐했습니다. 부끄러움은 나를 다시 처음으로 돌아가게 했습니다.

"부끄러움은 우리의 근원을 향한 잊혀지지 않는 그리움입니다."

본회퍼(Dietrich Bonhoeffer, 1906-1945) 목사님의 말입니다. 우리의 근원은 하나님입니다. 부끄러움은 하나님을 향해 가도록 합니다. 아담과 하와가 선악과를 따먹고 처음 가졌던 감정이 부끄러움이었습니다. 이 부끄러움은 죄인 된 인간이 존재의 근원인 하나님을 끊임없이 향하도록 하는 그리움을 갖게 합니다. 그래서 나는 주님 앞에 부끄러움이 많은 종이고 싶습니다.

꾸준한 사랑을 베푸시는 하나님,
온화하고 순결한 바람을 주셔서
파란 새싹을 돋아나게 하시고
마음 눈을 열어
하나님을 보게 하시니 감사합니다.

마지막 피 한 방울까지 흘리시면서
우리를 사랑하신 예수님,
마음으로 어떤 사람도 미워하지 않게 하소서.
지구촌에 전쟁이 없게 하시고 주님의 샬롬을 주소서.

신비하고 놀라운 능력의 성령님,
산수유나무에 노란 꽃망울이 맺히듯
주님을 향한 사랑이
온몸에 가득 피어나게 하소서.

수선화와 함께
합창하는 달

부활과 수선화

올해 부활절에 우리 교회에서는 선물로 수선화 모종을 준비했습니다. 교회 마당의 담 밑에도 심었습니다. 노란 받침대에 놓인 금잔처럼 다소곳하게 얼굴을 숙이고 있는 노란 모습이 매우 순결하고 겸손하게 보였습니다. 수선화는 '봄의 환희'라고 해서 이스라엘 사람들에게 가장 흔한 꽃입니다.

"나는 고작 사론에 수선화, 산골짜기의 나리꽃이랍니다"(아가 2:1, 공동 번역).

기독교 전통에 따르면 예수님이 십자가에 못 박힐 때 예수님의 어머니 마리아가 십자가 밑에서 슬픔에 휩싸여 흘린 눈물이 떨어져 수선화가 되었다고 합니다. 꽃의 모양도 고난의 잔과 같이 생겼습니다. 수

✿⁾⁾⁾ ❦ ⁽⁽⁽✿⁾⁾⁾ ❦ ⁽⁽⁽ 들풀 위에 깃든 믿음

선화의 피는 시기도 사순절 기간 이른 봄이기에 부활절을 상징하는 꽃으로 사용되었습니다. 수선화 속에는 예수님의 고난, 눈물, 죽음, 부활이 들어있습니다.

부활은 봄에 꼭 맞는 옷과 같습니다. 추운 겨울이 지나고 봄이 오듯이 부활은 반드시 죽음을 통과해야 말할 수 있는 살아 있는 언어입니다. 부활이라는 말 자체가 살아 있습니다. 부활은 한 번 살아나는 것을 넘어 생명의 영속을 말합니다. 우리가 이 세상을 떠나면 새 생명으로 태어나지만, 부활체는 아닙니다. 부활의 주님이 재림하실 때 우리의 낮은 몸을 자기의 영광의 몸과 같은 형체로 변하게 하십니다. 새 하늘과 새 땅, 새 예루살렘성에서의 삶은 부활체의 영화롭고 신령한 몸입니다(빌 3:21). 그래서 우리의 사모함은 단순히 천국 가는 것보다 예수님의 재림에 있습니다. 부활체의 특징은 부활하신 주님을 꼭 닮은 것입니다. 놀라운 일입니다. 다시는 죽음이 없는 생명, 생명의 영원인 부활은 하나님만 하시는 것입니다.

"내가 만물을 새롭게 하노라"(계 21:5, Behold, I am making all things new, NASB).

예수 그리스도 부활의 또 다른 의미는 만물을 생명으로 하나 되게 합니다. 아프리카의 반투족 언어 가운데 "우분투"라는 말이 있는데, "네가 있기에 내가 있다"라는 뜻입니다.

어느 인류학자가 아프리카 어린이들을 불러 모아 게임을 했습니다. 싱싱하고 달콤한 딸기가 가득한 바구니를 앞에 두고 가장 먼저 도착한 사람에게 주겠다고 했습니다. 게임이 시작되자 아이들이 앞다투어 달려갈 것으로 예상했으나 전혀 뜻밖에 약속이라도 한 듯이 서로 손잡고 함께 달리기 시작했고 도착해서는 딸기 바구니에 둘러앉아서 서로 웃으면서 사이좋게 나누어 먹었습니다. 그 인류학자는 아이들에게 물었습니다. "누구든지 일 등 한 사람에게 주려고 했는데 왜 손을 잡고 함께 달렸니?" 그러자 아이들은 "우분투(UBUNTU)"라고 외치면서 다음과 같이 덧붙여 말했습니다. "나머지 다른 아이들이 다 슬픈데 어떻게 나만 기분 좋을 수가 있나요?"

우리 주님의 십자가 고난과 부활이 바로 하나님의 우분투 마음을 가장 잘 표현하고 있습니다. 사탄에 의한 죄는 우리를 분열시켜서 하나가 되지 못하게 합니다. 그러나 예수님의 부활은 둘을 하나로 만듭니다. 지금은 불완전하지만, 예수님의 부활로 우리는 완전한 하나로 연결될 것입니다. 부활의 눈으로 보면 산과 달이 연결되어 있고 우리 집 강아지 미래와 밭둑에 청초하게 돋아난 달래가 연결되어 있습니다. 하늘과 땅이 연결되어 있고 하나님과 우리가 연결되어 있습니다. 그러기에 어느 것 하나 소홀히 여길 수 없습니다. 수선화처럼 봄에 피는 꽃, 여름에 피는 꽃, 가을에 피는 꽃, 심지어는 복수초와 같이 눈 속에서 겨울에 피는 꽃이 있는데 모두 하나로 연결되어 있습니다. 시간, 사물뿐만 아니라 사건도 서로 연결되어 있습니다. 지금 나의 기도가 매우 중요한 것은 당장 나를 위한 것이기도 하지만 미래의 하나님 나라를 위한 것이기도 합니다.

신학교 다닐 때의 일이었습니다. 당시에 유럽 교회가 무너지고 영국 교회가 무너져 가고 있다는 위기의식이 팽배해 있었습니다. 세계 선교를 위해 기도하는 중에 환상을 보았는데 세계지도가 보이고 다른 모든 나라들은 어두침침하게 보였는데 갑자기 영국 지도에 불이 붙기 시작했습니다. 그 불이 꺼지지 않고 계속 타올랐습니다. 환상 중에 깨닫게 된 것은 하나님이 영국을 다시 세계 선교를 위한 나라로 사용하신다는 것이었습니다.

지난달에 기도원을 방문하여 기도하는 중에 하나님이 환상을 보여주셨습니다. 우리 교회 성도들 한 사람 한 사람이 불덩어리가 되었습니다. 그리고 교회가 불에 타고 있는데 꺼지지 않고 계속 불 속에 휩싸여 있었습니다. 하나님이 우리 교회를 성령 충만한 교회로 사용하실 것이라는 비전으로 받아들였습니다. 이 환상이 나의 비전되었고 현재 사역이 미래와 연결되어 있음을 보았습니다. 예수님의 부활은 영원하고 완전한 생명을 주셨고 하나님의 모든 창조세계를 하나로 연결하여 주셨습니다. 도심리 도장골에 진달래가 분홍 꽃을 피우고 있습니다. 진달래꽃에서 부활의 영원한 생명과 만물이 주님 안에서 하나 됨을 봅니다. 수선화보다 더욱 아름답고 소중한 도심리 마을의 영혼들 안에서 주님의 생명 부활을 꿈꿉니다.

큰 덤

　며칠 전에 내린 많은 눈이 따뜻해진 날씨에 녹으면서 땅속으로 스며들고 있습니다. 봄에 농사를 지어야 하는 농부들에게 예비하신 하나님 은혜의 손길입니다. 넓은 빈 밭에서 심 씨 할머니가 나생이를 캐고 있었습니다. 냉이를 강원도 사투리로 나생이라고 합니다. 냉이는 이른 봄에 가장 먼저 먹을 수 있는 나물이며 봄의 분위기와 향기를 그대로 간직하고 있었습니다. 교회 뒷산에 작은 연못이 있는데 산개구리가 이미 구슬 같은 알을 낳아놓았습니다. 수많은 까만 알들이 투명 보호막에 싸여 있습니다. 앞으로 보름 정도 지나면 올챙이들이 연못에서 꼬리치며 즐겁게 돌아다닐 것입니다. 골짜기마다 겨울잠에서 깨어난 시냇물들이 가벼운 콧노래를 부르며 만나서 반갑다고 서로 인사를 나누며 흘러갑니다. 시냇가에 있는 버들강아지들도 손을 흔들면서 다시 만날 날을 기약합니다. 활기찬 새 생명의 기운이 천지에 충만합니다. 이

　　　　　　　　　　　　✿ ✤ ✿ ✤ 들풀 위에 깃든 믿음

모든 것이 자연이 만들어 낸 생명의 신비입니다. 자연의 신비 뒤에는 하나님이 계십니다. 하나님은 보이지 않고 음성은 들리지 않지만 지금도 우리 인생 뒤에 계시면서 우리의 삶을 주관하고 계십니다. 모든 것이 은혜입니다. 오! 놀라워라.

"채 씨 아저씨 차가 아저씨 마당에 있던데…. 아저씨는 여기 계셨네요."

이 말이 큰 사달이 날 줄을 누가 알았을까요? 벌써 십여 년 전의 일이었습니다. 뒷골에 사는 이 씨 아저씨의 부탁을 받고 모터 펌프를 고쳐주고 있었습니다. 모터 펌프를 한창 고치고 있는데 윗동네에 사는 백 씨 아저씨가 고개를 기웃거리면서 다가오셨습니다. 오는 길에 채 씨 아저씨 차가 백 씨 아저씨 마당에 세워져 있는 것을 보았기에 당연히 두 분이 같이 있을 거로 생각했는데 백 씨 아저씨를 만나자, 무심결에 입에서 나온 말이었습니다. 아저씨는 나의 말을 듣자, "그 양반이 우리 집에 왜 왔지?" 말을 툭 던지고 황급히 차를 몰고 집으로 가버렸습니다. 백 씨 아저씨가 집에 도착했을 때는 이미 채 씨 아저씨는 떠난 뒤였습니다. 그러자 아저씨는 아주머니를 추궁하기 시작했습니다.

"채 씨, 그 양반이 우리 집에는 왜 왔대?"
"우리 집에 온 적 없는데…."

"홍 목사님이 그러는데 채 씨 차가 마당에 있는 것을 봤다는데."

"몰라요. 나는 못 봤어요."

"이렇게 시치미 뗄 거야."

"못 봤으니까 못 봤다고 하지요."

"내가 윗집 신 씨 아주머니에게 가서 물어봤는데 채 씨가 자기 집에 오지 않았데. 당신이 솔직히 채 씨가 집에 와서 커피 한잔 마시고 갔다고 하면 내가 뭐라고 하지 않아. 왔다 간 걸 뻔히 알고 있는데 왜 거짓말을 해. 그 이유가 뭐야?"

오해는 꼬리에 꼬리를 물고 아저씨와 아주머니 사이가 험악해졌습니다. 이 일로 아주머니는 속이 상해서 서울에 있는 셋째 딸 집으로 가버렸습니다. 중간에서 말 한마디 무심결에 했던 나도 난처하게 되었습니다. 아저씨를 만나서 몇 번 설득을 해봤지만 좀처럼 오해가 풀어지지 않았습니다. 시간이 좀 흐르기도 했고 아저씨가 호흡기 질환으로 병원에 입원하면서 서로 오해를 풀었다기보다는 그냥 묻고 가기로 한 모양이었습니다. 두 분이 그런대로 지내는가 싶었는데 최근에 사건이 또 발생했습니다. 백 씨 아저씨가 차를 몰고 홍천읍에 가다가 채 씨를 만났습니다. 지나치면서 차에서 채 씨 아저씨가 손을 흔들며 인사를 하자 아주머니도 웃으면서 손을 흔들어 준 것이 가라앉아 있던 구정물통을 휘저어 놓은 것처럼 되어버렸습니다.

"아니, 당신 채 씨가 그렇게 좋아, 채 씨를 보니까 반색하며 좋아하네."

"동네 사람이니까 그냥 인사한 거지, 무슨 좋아해서 그런 거예요?"

홍천읍에서 일을 보고 있는데 아주머니로부터 다급한 목소리로 전화가 왔습니다.

"목사님, 우리 집에 잠깐 들러주실 수 있으세요."

백 씨 아저씨 집에 들어가자 두 분은 멀찍이 돌아앉아 있었습니다. 아저씨는 저에게 그간의 모든 일을 자세히 설명했습니다. 아저씨는 아주머니의 행동을 의심한 것이고 저를 불러 다시 한번 확인하고 이혼도 불사하겠다는 각오였습니다.

"제가 목사님을 부른 이유는 목사님이 증인이 되었으면 해서요. 저는 목사님 말이라면 팥으로 메주를 쑨다고 해도 믿어요."

오랜 대화 끝에 중재안을 냈습니다. 아저씨는 더 이상 채 씨에 대한 말을 꺼내지 않기로 하고 아주머니는 노인 일자리뿐만 아니라 채 씨가 있는 자리에는 가지 않기로 했습니다. 내가 거기에서 증인 역할을 했습니다. 아저씨와는 손가락을 걸고 약속했고, 아주머니와는 손을 꼭 잡고 약속했습니다. 아저씨는 저의 손을 꼭 잡고 몇 번이고 고맙다고 말했습니다.

"목사님, 저도 언제부턴가 교회 가려고 했는데, 이 나이에 교회 가면 송장 치우는 일 시킬까 봐 망설여집니다."

"아저씨, 그런 염려하지 마세요. 교회 나오셔서 저와 함께 믿음 생활해요."

아주머니도 나와 개인적으로 꽃 피는 봄이 오면 교회 나오기로 약속했습니다. 곧 오게 될 도심리의 봄이 기다려졌습니다. 마을 분들을 주님께로 인도하기 위해 기도와 섬김으로 애쓰지만 정말 쉽지 않습니다. 그중에 백 씨 아저씨가 가장 까다롭고 까칠합니다. 그런데 아저씨의 입에서 나에 대한 매우 긍정적인 마음과 믿음을 가지고 교회에 나오고 싶다는 말이 나의 가슴을 뛰게 했습니다. 하나님은 곰팡내 나는 해묵은 사건을 끄집어내셔서 따스한 봄볕에 말리시면서 생명의 역사를 일으키고 있습니다. 하나님은 나의 작은 수고 위에 감당치 못할 큰 덤을 주셨습니다.

"믿음은 거의 기대하지 않았던 곳에서 자라나고 당연히 왕성할 것이라고 여겨지는 곳에서 약화됩니다."

들풀 위에 깃든 믿음

필립 얀시의 말에 전적으로 동감하면서 믿음은 분명 나의 것이 아니라 주님의 것임을 고백합니다. 믿음의 시작과 끝은 주님입니다(히 12:2). 나에 의한 믿음이 아닌 주님에 의한 믿음은 내가 구하거나 생각하는 모든 것에 더 넘치도록 능히 하실 주님을 만나게 합니다(엡 3:20). 나의 인생 자체가 덤입니다. 그것도 신비스러운 큰 덤입니다.

꾸준히

봄입니다. 멘델스존이 소나무가 홀로 서 있는 언덕 너머에서 '봄의 노래'를 부드럽게 지휘하면서 걸어오고 있습니다. 그의 손의 움직임에 맞춰 들풀들이 피아노를 연주합니다. 그의 어깨 위에 앉아있던 파랑새는 가볍게 휘파람을 붑니다. 그가 지나가자, 눈과 함께 얼음 밑에서 잠자고 있든 생명들이 깨어나고 있습니다. 마침내 나의 귀에도 봄의 노래가 들렸습니다. 깨어나라고, 생명의 향기를 뿜어내라고, 어두웠던 영혼의 창문을 활짝 열라고 합니다. 지난밤 제법 내린 봄비로 불어난 시냇물은 꽁꽁 얼어있던 골짜기의 얼음을 녹이며 크고 작은 돌 사이를 흐르면서 상큼하고 맑은 멜로디를 만들어 냅니다. 순진무구한 시냇물을 바라보는 것만으로도 하나님의 솜씨에 감격합니다.

"목사님, 제가 성경을 다 썼어요."

들풀 위에 깃든 믿음

"잘하셨어요. 포기하지 않고 꾸준히 끝까지 성경을 쓴다는 것이 얼마나 어려운 일인지요. 우리 주님이 얼마나 기뻐하실까요."

수요성경공부를 마치고 돌아오는 길에 차 안에서 김진옥 집사님이 한 말입니다. 집사님을 생각할 때마다 가슴 뛰는 감동이 있습니다. 집사님이 15년 전에 우리 마을에 들어왔을 때는 믿음을 갖고 있지 않았습니다. 산과 함께 산을 의지하며 잣을 따면서 살았습니다. 온 지 얼마 되지 않아 폐암으로 남편인 한 씨와 사별했습니다. 당시 집사님에 대한 마을 사람들의 평가는 매우 부정적이었습니다. 이웃들과 싸우지 않은 집이 없을 정도였기 때문입니다.

"얼굴이 무섭게 생겼어."
"성격이 불같아서 어디 말을 붙일 수가 있어야지."

남편인 한 씨가 세상을 떠난 것이 계기가 되어 우리 교회에 나오게 되었습니다. 나는 한 씨가 폐암에 걸려서 돌아가실 때까지 옆에서 꾸준히 도와드렸습니다. 이 과정에서 하나님이 집사님의 삶을 놀랍게 인도해 주셨습니다. 장례를 다 마쳤을 때 나를 찾아와 말했습니다.

"목사님, 저도 이제부터 주님만 의지하고 살겠습니다."

무엇보다도 사위의 꿈이 집사님을 교회로 인도하는 중요한 계기가 되었습니다. 사위의 꿈은 이러했습니다. 꿈에 어떤 사람이 나타나서 명함을 하나 주었는데 거기에 '홍동완'이라는 이름이 새겨져 있었습니다. 사위가 그 꿈을 해몽하기를 "이것은 어머님이 목사님이 계신 교회에 나가라는 뜻입니다."

그래서 사십구재를 마치고 교회 나오기로 약속했습니다. 그런데 그 주일에 바로 교회에 나왔습니다. 교회 나온다는 사실을 알고 있었지만, 막상 오신 것을 보자 놀랐습니다.

"목사님, 제가 사십구재를 마치고 교회 오려고 했는데 주일이 되고 예배 시간이 가까워지자 제 마음이 견딜 수가 없어서 '교회 가야지' 하는 마음이 들어서 나오게 되었어요."

분명히 하나님의 성령이 집사님을 감동시켰습니다. 교회 성도님들뿐만 아니라 마을 사람들도 의아해했습니다. 그 후로 교회 출석하면서 삶의 변화가 일어나기 시작했습니다. 전에 집사님은 정월대보름 마을 거리 제사를 지낼 때 주도적으로 제사상을 차렸고, 산에 갈 때는 산신령에게 제사를 지냈던 사람이고, 사나운 인상으로 사람들과 자주 싸웠던 사람인데 교회 출석하면서 세례를 받고 집사 직분도 받고 성실하게 살아가고 있습니다. 처음 교회 나올 때부터 예배 시간에 강대상에

들풀 위에 깃든 믿음

물을 떠 놓는 일을 맡겼는데 지금까지 충성스럽게 잘 감당하고 있습니다. 내 아내에게 물어보았습니다.

"당신이 생각할 때 김진옥 집사님이 처음과 지금을 비교했을 때 어떤 변화가 있는 것 같아요?"

"사실 나는 집사님이 처음 교회 나왔을 때 염려했어요. 왜냐하면 주변 이웃들과 싸우지 않은 사람이 없고 인상도 험악해서 오히려 교회에 좋지 않은 영향을 줄 것 같아서 안 나왔으면 좋겠다고 생각했어요. 그러나 지금은 너무 많이 변했어요. 얼굴 표정과 말씨 자체가 바뀌었어요. 다정하고 감사하는 말을 많이 해요. 김 집사님뿐만 아니라 이 집사님, 조 집사님, 우리 교회 성도님들의 삶에도 믿음의 진보가 있어요."

"맞아요. 집사님의 화난 얼굴 표정에서 이제는 웃는 얼굴로 바뀌었어요."

옆에 있던 큰딸 조이도 거들었습니다. 우리 교회가 마을에 세워진 후로 마을에 어떤 변화가 있었나를 돌아보면서 먼저 우리 교회 성도들을 살펴보았습니다. 나의 욕심이 컸기 때문인지 모르지만, 기대했던 것만큼 변화가 없는 것 같아 마음에 만족이 없었는데 내 아내의 말을 듣고 나니 좀 위로가 되었습니다.

오랜만에 맑은 하늘을 보았습니다. 멀리 잣나무로 가득 찬 달맞이 산이 보였습니다. 하얀 구름이 산 위에 머무르는 듯하다가 산 뒤로 자취를 감췄습니다. 구름을 쫓던 나의 마음이 나에게로 돌아왔습니다. 순간, 눈을 반짝이며 스스로에게 말했습니다.

"구름이 아름답고 순결하여 나에게 큰 기쁨을 선물로 주지만 계속 움직이는 구름이 나의 기준이 될 수 없다. 오히려 늘 같은 자리에 떡 버티고 있는 달맞이산과 같은 변함없으신 하나님이 나의 영원한 기준이다. 이 기준을 끝까지 붙들고 꾸준히 갈 것이다."

"의인은 그 길을 꾸준히 가고"(욥 17:9). 우리의 꾸준함도 능력이 있지만, 우리를 향한 예수님의 꾸준함을 어찌 말로 다 형언할 수 있을까요? 예수님은 어제나 오늘이나 영원토록 동일하십니다(히 13:8). 하나님의 꾸준함과 나의 꾸준함이 만날 때 비로소 기적은 일어납니다.

걸림돌

억새풀이 하얗게 퍼져있는 신 씨의 밭 가에 알록달록한 수꿩이 긴 목을 한껏 치켜들고 두리번거리고 있습니다. 다가가면 쏜살같이 억새풀 속으로 숨을 것이라는 기대와는 달리 두려움 없이 서 있습니다. 오히려 나를 쳐다보면서 '남의 일 참견 말고 가던 길이나 가셔'라고 말하는 듯했습니다. 수꿩에게 왠지 모를 신비감이 느껴졌습니다.

겨울이 지나고 완연한 봄기운이 산과 들에 가득합니다. 가파른 바위틈에 뿌리를 내린 생강나무에 노란 꽃이 피고, 진달래는 옆에서 수줍은 듯 분홍 꽃망울을 반쯤 터뜨리고 있습니다. 숨어있던 들풀들이 꿈틀거리면서 자신들의 모습을 드러내고 있습니다. 낙엽을 두 손으로 쳐들면서 상사화 싹이 올라왔습니다. 봄만 되면 순한 향기를 풍기며 입맛을 상큼하게 돋우는 '영아자'로 불리는 미나리 싹도 올라오고 있습니다. 냇가에는 버들강아지들이 모여있습니다. 피조물들이 활기찬 기운으로 생명의 조화를 만들어 내고 있습니다. 봄 향취에 취해 있다가 문득 '아, 지금이 사순절 기간이지'라는 생각이 들자 하얀 구름 하늘을 쳐다보면서 시를 읊어보았습니다.

> 봄이 오면
> 나는 조용히 죽고 싶어요
> 다들 살아보려고
> 들썩들썩할 때
> 조용히 머리를 조아려
> 숨죽이며
> 죽고 싶어요
> 황량한 야산 위에
> 거친 십자가 위에
> 침묵하고 계신
> 예수 그리스도처럼…

우리 마을 샛골의 진 씨 아저씨는 정신질환을 앓고 있는 처제와 함께 살고 있습니다. 어느 날 처제가 말도 없이 가출했습니다. 아저씨 말에 의하면 아침에 잠깐 이야기하고 자리를 비운 사이에 집을 나갔다고 합니다. 우리 마을은 산과 골짜기로 이루어져 있기에 사람이 다닐 수 있는 길은 한정되어 있습니다. 집 주변을 찾아본 후에 차를 몰고 아저씨 집 뒤편에 있는 임산도로에 가서 찾아보았지만 없었습니다. 마을 주민들에게 가출 소식과 함께 도움을 요청했고 아저씨는 파출소에 신고했습니다. 조금 있으니 마을 주민들, 경찰관들, 소방대원들, 의용소방대원들이 아저씨 집으로 몰려들었습니다. 수색견과 드론까지 동원하여 먼 곳까지 찾아보았지만, 도저히 찾을 수가 없었습니다. 작은 우리 마을에 소방서 차량과 경찰 차량 등으로 붐볐습니다. 시간이 지나고 밤이 깊어지면서 더는 찾을 수가 없었습니다. 그래서 출동한 경찰관들과 소방대원들이 의논한 후에 내일 아침에 다시 수색하기로 하고 철수를 결정했습니다. 바로 그때 어수선한 분위기 속에 어디선가 "찾았대!"라는 외침이 들려왔습니다. 모여있던 사람들로부터 놀람과 기쁨의 함성이 터져 나왔습니다.

"어디서 발견됐대?"
"돼지농장 옆이래요."

현장을 지휘하던 경찰관이 나에게 물었습니다.

"반장님, 혹시 돼지농장 아세요?"
"그럼요. 바로 저 산 너머에 있습니다."
"저와 함께 가주실 수 있으세요?"
"네, 빨리 가시죠."

현장에 도착하자 처제는 임산도로 가에 쓰러진 채 떨고 있었습니다. 구급대원들이 따뜻한 담요로 감싸고 흔들어서 의식을 깨우고 구급차로 홍천읍에 있는 병원으로 안전하게 이송했습니다. 만약 당시에 수색을 멈추고 모두 철수했다면 그 처제는 추운 밤 홀로 산속에 있어야만 했고 몸도 정신도 연약한 상태였기에 생명에 큰 위험이 되었을 것입니다. 아저씨의 처제를 찾게 된 결정적인 역할을 한 사람은 옆 동네에서 온 의용소방대원이었습니다. 그 의용소방대원은 신고받고 우리 마을로 오면서 핸드폰으로 진 씨 아저씨 집 위치를 물으면서 왔습니다. 그런데 마을로 들어서면서 핸드폰이 불통되었습니다. 우리 마을은 산이 깊어 통신 장애가 일어나곤 합니다. 그래서 그 대원은 길을 잘못 들어 돼지농장을 지나 임산도로로 가게 되었고, 마침 그곳에 쓰러져 있는 처제를 발견했습니다. 걸림돌 같은 통신 장애가 처제를 찾고 살리는 데 결정적인 역할을 했습니다.

우리 삶의 걸림돌에는 언제나 하나님의 놀라운 비밀이 숨어있습니다. 예수님만큼 위대한 걸림돌이 있을까요?

"누구든지 나로 말미암아 실족하지 아니하는 자는 복이 있도다"(마 11:6).

'실족하지'로 번역된 헬라어, '스켄달리스데'는 '걸림돌이 되다'라는

들풀 위에 깃든 믿음

뜻을 가집니다. 예수님이 걸림돌이라는 것은 이사야 선지자가 예언한 것입니다(사 8:14). 사도 바울도 이사야서를 인용하여 예수님을 걸림돌로 말씀합니다.

"보라 내가 걸림돌과 거치는 바위를 시온에 두노니"(롬 9:33).

"십자가의 걸림돌"(갈 5:11)이 은혜요 능력입니다.

항상 새로우신 하나님,
생기 가득한 4월을 선물로 주셔서 감사합니다.
감격과 설렘이 무뎌진 마른나무 같은 저에게
생명 꽃을 피우게 하소서.

죽음과 부활을 한 몸으로 이루사
사랑을 완성하신 예수님,
남의 허물을 가리키던 손가락이
나를 향하게 하셔서
사랑 꽃을 피우게 하소서.

믿는 자에게 불가능이 없게 하시는 성령님,
어려움, 시험, 장애물 앞에서
한숨짓지 말고
충분히 이길 수 있는
믿음 꽃을 피우게 하소서.
아멘.

사월

내 마음을
그대로 보여주는 달

흙

    농업 경영체를 등록하려고 면사무소에 갔습니다. 등록하기 위해서는 가족관계증명서가 있어야 한다고 해서 자동 발급기로 갔습니다. 마지막 단계인 지문을 인식하는 데까지 와서 엄지손가락을 인식기에 갖다 댔습니다. 발급기 화면에 '인식 실패'라는 메시지가 나타났습니다. 살짝 갖다 대도 안되고 꾹 눌러도 인식하지 못했습니다. 끙끙대고 있는 나의 모습을 보고 있던 면직원이 오더니, 나의 엄지손가락을 잡고 인식기에 갖다 댔습니다. 그래도 마찬가지로 인식하지 못했습니다. 직원은 나의 손가락 여기저기 살펴보고, 수분이 부족해서 그럴 수도 있다고 하면서 소독제를 발라서 시도했지만 헛수고였습니다.

    "지문이 다 닳아서 없어졌어요. 그래서 인식을 못하네요."

　　✷〟❀〟✷〟❀〟✷〟 들풀 위에 깃든 믿음

직원은 자리로 돌아가 컴퓨터로 나의 가족관계증명서를 발급해 주었습니다. 밭에서 일하고 있는 나에게 아내는 걱정하며 말합니다.

"장갑을 끼고 하세요. 장갑을 끼지 않고 일을 하니 손이 저렇게 볼품없게 되었고 피부도 말이 아니잖아요."

나는 일을 할 때나 마을 어르신들의 밭일을 거들어 줄 때 장갑을 끼지 않습니다. 다른 큰 이유가 없습니다. 단지 손으로 흙을 느끼고 싶어서입니다. 오랫동안 흙을 맨손으로 만지다 보니 지문이 없어졌습니다.

마을 주민들과 함께 여행을 떠났다가 돌아올 때면 여지없이 버스 안은 노래방이 됩니다. 주로 흘러간 옛노래입니다. 그중에 빼놓지 않고 등장하는 노래가 있는데, "흙에 살리라"입니다.

초가삼간 집을 짓는 내 고향 정든 땅
아기 염소 벗을 삼아 논밭길을 가노라면
이 세상 모두가 내 것인 것을
왜 남들은 고향을 버릴까 고향을 버릴까
나는야 흙에 살리라 부모님 모시고
효도하면서 흙에 살리라

노래 가사는 농촌에서의 삶을 음미하며 향수에 젖어 들기에 충분합니다. 농부들은 흙에서 태어나서 흙과 함께 살다가 흙으로 돌아갑니다. '농자지천하지대본(農者之天下之大本)'이라는 말을 자랑스럽게 여기고 농사짓는 것을 어떤 사명처럼 여기던 때가 있었습니다. 임 씨 아저씨는 평생 자신이 갈아 부치던 밭 맨 위 양지에 묻혔습니다. 지나다니면서 아저씨의 무덤을 보고 아저씨와 함께했던 때를 추억하곤 합니다. 한영옥 할머니는 고추와 배추를 심었던 밭 한가운데에 산소를 만들었습니다. 평소에 말이 없고 늘 수줍은 듯한 모습이 기억에 또렷합니다. 이 씨 할아버지도 집 옆에 있는 들깨밭 햇볕 잘 드는 곳에 산소를 만들었습니다. 꼭 어린아이와 같이 웃던 할아버지, 가진 것은 없지만 조금도 초라하지 않다는 것을 보이고 싶어 했던 할아버지였습니다. 이들 모두 자기 밭에 묻혔습니다. 밭은 꼭 그들의 집과 같습니다. 농부뿐만 아니라 인간은 무의식적으로 흙을 그들의 육체와 영혼의 고향으로 여깁니다.

　마음이 몹시도 심란하던 날, 곰취가 심겨 있는 은행나무밭으로 갔습니다. 손으로 흙을 쓰다듬으며 살살 헤쳐보았습니다. 흙의 부드러운 감촉이 손끝을 타고 나의 심장으로 소리가 되어 올라왔습니다. 너무 친숙하고 온유한 음성이었습니다. 하늘을 담은 소리였습니다. 아침 종달새의 휘파람과 같은 신선함이었습니다. 흙은 작년에 내가 다녀갔던 추억을 간직하고 있었습니다. 흙은 나에게 당시의 기억을 일깨워 주었습니다.

"하나님, 사람들을 용서하소서. 그들은 하나님을 무시하고 하나님을 괴롭히고 있어요. 하나님, 제가 아무리 외쳐도 귀를 기울여 들으려고 하지 않아요."

흙은 내가 두 손으로 머리를 움켜쥐고 눈물을 뿌리며 그를 밟고 오열했던 때를 기억하고 있었습니다.

우리는 구원에 대한 놀라운 은혜의 말씀을 듣습니다. 우리가 잘나서가 아니라 하나님의 은혜로 구원받았습니다. 하나님이 왜 나를 구원하셨을까요? 수많은 사람 중에 나를 택하신 하나님의 은혜 앞에서는 감격을 넘어 유구무언입니다. 이것도 놀랍지만, 더욱 놀라운 사실이 있습니다. 흙이 사람이 됐다는 것입니다. 수많은 재료가 있었을 텐데 하나님은 흙을 사용하셔서 사람을 만드셨습니다. 하나님은 땅의 흙으로 사람을 지으셨습니다. 그렇게 많은 땅 가운데 하나님 손에 들려진 흙 한 줌이 사람이 되었습니다. 사람이 되기 위해 하나님 손에 선택받은 흙을 생각해보십시오. 그 흙은 하나님의 은혜 중에 은혜를 입었습니다.

하나님이 수많은 흙 가운데 한 줌의 흙을 선택하셨습니다. 흙으로 사람을 만드시고 코에 생기를 불어넣으심으로 살아 있는 생명체가 되었습니다. 흙이 살아 있는 생명체가 된다는 것은 기적 중의 기적입니다. 우리 영혼 구원 이전에 우리는 흙에서 사람이 되는 것이 먼저입니다. 이 기적이 있었기에 하나님 자녀로 구원 얻을 기회가 주어진 것입

니다. 흙에서 나의 존재의 신비를 보고, 흙에서 하나님 은혜의 근원을
봅니다.

예레미야 선지자의 외침으로 나도 세상을 향해 외치고 싶습니다.

"땅이여, 땅이여, 땅이여, 여호와의 말을 들을지어다"(렘 22:29).

나의 하나님

봄비가 와야 한다고 생각하면서 잠이 들었는데 잠결에 물방울이 창틀에 떨어지는 소리가 들렸습니다.

'아, 비가 오는구나. 하나님, 감사합니다. 봄농사를 위해 비가 꼭 필요한 때입니다.'

호기심과 기대로 창문을 열고 밖을 내다보았습니다. 큰비는 아니었지만, 온유한 하나님의 마음이 가득 담긴 비가 내리고 있었습니다. 머위 골짜기를 따라 올라온 바람은 열린 창문을 통해 방 안으로 들어왔습니다. 바람이 불면서 지붕까지 뻗어있는 배나무 가지들이 서로 부딪치면서 흥겹게 노래하며 춤을 추고 있었습니다. 끝없는 심연의 어둠, 보이는 것은 없고 소리만 가득했습니다. 이 어둠의 하늘 너머에 하나님이 계십니다.

"나의 하나님!"

늦은 오후, 교회 마당에 놀고 있던 강아지들이 짖어대기 시작했습니다. 가장 용맹스러운 강아지는 이름에 어울리지 않는 '샬롬'이었습니다. 샬롬이 짖기 시작하면 다른 강아지들도 덩달아서 자신들이 꼭 해야 할 일인 것처럼 짖어댑니다. 처음 보는 승용차가 교회 마당으로 들어왔습니다. 차에서 청년 자매 둘이 내렸습니다. 나를 보자마자 웃음을 띤 얼굴로 인사말을 건넸습니다.

"안녕하세요. 목사님이신가요?"
"네, 맞습니다."

이 질문은 처음 우리 교회를 방문하는 사람들에게서 꼭 듣게 됩니다. 평상시의 나의 행색이 꼭 시골 농부의 모습처럼 보여서 그런 것 같습니다.

"지나가다가 교회가 예뻐서 한번 들어와 봤어요. 구경해도 되죠?"
"그럼요. 얼마든지요."

이들을 교회로 안내하고 우리 교회를 간략하게 소개했습니다. 자신들은 춘천에 있는 교회에서 왔다고 했습니다. 춘천에는 내가 아는 목사님과 같은 교단의 교회들이 있기에 어느 교회인지 물었습니다. 이 질문에 잠시 망설이면서 서로 눈치를 보다가 말했습니다.

"목사님, 저희가 말하면 실망할 텐데요. 저희는 춘천 신천지 교회에서 왔습니다."

주변에서 말로만 듣던 신천지 교인들을 보니 놀랐습니다. 첫째는 농촌에까지 와서 포교하는 것과 둘째는 청년들의 열정 때문이었습니다. 이들은 그냥 순수한 청년들이었습니다. 어떤 위선이나 거짓된 모습을 느끼지 못했습니다. 그러나 이들의 상냥하고, 친절한 모습이 거짓이었나라는 생각이 들자 배에서 쓴물이 올라오는 듯했습니다.

"목사님, 저희가 싫죠?"
"아닙니다. 저는 자매님들이 여호와 증인이든, 이슬람교도든, 신천지든 상관없습니다. 단지 하나님이 사랑하는 한 영혼으로 봅니다. 이 한 가지는 절대로 잊지 마세요. 나와 하나님 사이에 그 어떤 것이 있어서는 안 됩니다. 사람이든, 조직이든, 물질이든 그것이 나의 우상이 되고 결국 우상숭배에 빠지게 됩니다."
"교회 목사님들 대부분은 저희를 문전박대하는데 목사님은 다르시네요. 다음에 또 와도 돼요?"

"언제든지 오세요."

그 뒤로 청년 자매들은 우리 교회에 오지 않았습니다. 이들이 소개했는지 모르겠지만 신천지의 다른 교인들이 왔습니다. 이들도 청년 자매들처럼 지나다가 들렸다고 말했습니다. 이들은 망설임 없이 자신들을 신천지 교인이라고 소개했습니다. 한 분은 중앙아시아 선교사였었고, 다른 한 분은 금란교회 권사였다고 소개했습니다. 그들과 많은 대화를 나누었습니다. 대화 가운데 그들이 성경을 편협하게 해석하고 있고 성경을 전체로 보지 못하고 있음을 느꼈습니다. 잘못 해석하고 있는 부분들을 하나씩 설명해 주었습니다. 그리고 도심리에서 나의 목회경험을 말해 주었습니다.

한동안 우리 마을에 여호와 증인들이 왕래했습니다. 그들은 「파수대」라는 소책자를 가지고 다니면서 집마다 방문하면서 전도하고 다녔습니다. 나에게도 찾아왔습니다. 그들과 대화를 나누다가 예상치 못한 사실을 알게 되었습니다.

"목사님, 제가 마을 사람들로부터 목사님에 관한 이야기를 들었습니다. 아주 좋으신 분이라고 말합니다."

마을 사람들은 여호와 증인들이 이단이라는 사실을 모르고 홍천읍에 있는 어느 교회에서 와서 전도하는 줄 알고 우리 마을에도 교회가 있고 괜찮은 목사님이 있다고 나를 소개한 모양입니다. 결국 여호와 증인들의 마을 왕래는 멈췄습니다. 신천지 교인들도 몇 번을 더 방문하다가 이제는 소식이 없습니다. 신천지 교인 중에 한 사람이 나에게 문자를 보내왔습니다.

"목사님이 몸으로 복음을 실천하는 모습을 보면서 저도 많이 배웠습니다. 몸 생각하셔서 너무 일을 많이 하지 마세요."

오래전에 함께 같은 교회에서 신앙생활을 했던 신실한 권사님, 장로님이 신천지에 갔다는 소식을 들었습니다. 위암으로 수술을 받고 하나님에 대한 확신이 없어서 믿음을 떠난 성도를 보았습니다. 교회 성도들로부터 받은 상처 때문에 교회와 믿음을 완전히 버린 성도들도 보았습니다. 심지어 한국 교회가 신천지를 두려워하는 듯한 모습을 보게 됩니다. 이런 우리의 모습에서 놀라우신 하나님, 위대하신 하나님, 전능하신 하나님의 모습을 보기 어렵습니다.

세상 안에 하나님이 있는 것이 아니라 하나님 안에 세상이 있습니다. "내 아버지는 만물보다 크시매"(요 10:29). 예수님은 만물보다 크신 하나님을 소유하셨기에 흔들리지 않고 하나님의 사명을 완성하셨습니다. 또한 하나님은 영원하실 뿐만 아니라 영원이라는 시간을 창조하셨습니다. 하나님은 영원한 때 전부터 계셨습니다(딤후 1:9, before the beginning of time: NIV). 이 하나님이 우리의 아버지입니다. 하나님은 그 어느 누구와도 비교의 대상이 아닙니다. 하나님 안에 만물, 영원, 헬라인, 유대인, 이슬람, 신천지, 모든 영혼이 있습니다. 혹시 우리 스스로 하나님을 작게 만들고 있지는 않은지요? 하나님을 나의 오른쪽 속주머니 속에 가두어 놓고 있지는 않은지요?

피하고 보자

　고요하고 포근한 땅속 예배당에 들어가 앉으면 전면의 큰 창문을 통해 그림 같은 앞산의 풍경을 볼 수 있습니다. 파란 하늘을 배경으로 늘 푸른 잣나무, 세월의 풍파를 견뎌온 참나무, 이른 봄 꽃필 때만 모습을 드러내는 진달래꽃들이 조화롭게 그려져 있습니다. 가끔 하얀 구름이 쉬었다 가기도 합니다. 골짜기에서 나는 새의 소리와 그 밑으로 흐르는 시냇물 소리는 멀리서 짖어대는 손 씨의 강아지 소리와 함께 자연의 황홀한 화음을 만들어 냅니다. 종종 교회를 방문한 목사님들이 이런 풍경을 보고 감탄합니다.

　"목사님, 이곳에 있으면 기도가 저절로 되겠습니다."
　"그럼요, 기도뿐만 아니라 설교 준비도 저절로 됩니다."

설교라는 말에 목사님들이 얼마나 부러워하는지 모릅니다. 목사님들에게 설교란 사망의 음침한 골짜기를 통과하는 여정과 같습니다.

최근에 설교 준비하는데 도저히 풀 수 없는 수학 문제처럼 깊은 늪에 빠져서 도저히 헤어나올 수가 없는 상태에 있었습니다. 본문을 수없이 읽고 묵상하고 다양한 번역본들을 비교하면서 연구했지만, 마음에 영적 감동을 얻을 수 없었습니다. 쥐어짜고 짜서 주일예배 시간에 설교했습니다. 설교하면서 성도들에게 나의 연약함과 설교에 대한 어려움을 고백했습니다. 이런 나에게 하나님은 설교는 뜨거운 찜질방에 들어앉아 있는 것처럼 자기 녹아짐이 있어야 한다고 말씀하시면서 나의 이런 모습이 정상적인 현상이라고 위로해 주셨습니다. 나는 설교를 잘해야 한다는 마음이 나를 강하게 사로잡고 있음을 알았습니다. 설교에 대한 부담이 얼마나 컸던지 예수님이 겟세마네 동산에서 "내 아버지여 만일 할만하시거든 이 잔을 내게서 지나가게 하옵소서"라고 기도한 것이 생각났습니다. 예수님의 이 기도는 인간이 가지고 있는 가장 뿌리 깊은 죄의식의 결과인 '피하고 보자'의 마음을 대속하기 위한 것이었습니다. 어렵게 설교하고 난 후에 내 마음을 시로 읊어보았습니다.

설교자는
하늘의 언어를
땅의 언어로
번역하는 자,

번역이 잘 되지 않아

밤새 끙끙대다가

하얀 새벽을 마주한다.

순간,

하늘 상에서 떨어진 부스러기 하나

집어 들고 감격하여

눈물과 함께 집어 먹는다.

소화가 안 되는지

여전히 속이 거북하다.

설교자는

하늘의 언어를 땅의 언어로

번역하는 시인.

오늘도

번역이 어려워

쉽게 잠이 들지 못한다.

피하고 싶은 마음은 겸손도 비굴에서 나온 것이 아니라 탐욕에서 나온 마음입니다. 아담은 하나님의 말씀에 불순종하여 죄를 범하게 됩니다. 그 후에 자신의 벗은 모습을 깨닫고 무화과나무 잎으로 치마를 만들어 입었습니다. 아담은 이런 수치를 해결하는 방법으로 여호와 하나님의 낯을 피하여 동산 나무 사이에 숨었습니다(창 3:8). 아담이 죄를 지은 것도, 피하여 숨으려고 한 것도 더 높아지고 싶은 탐욕에서 나온 것입니다. 동생 아벨을 살인한 가인은 하나님으로부터 형벌을 받게 됩니다. "너는 땅에서 피하며 유리하는 자가 되리라"(창 4:12). 아담 이후로 인간에게는 '피하고 보자'라는 의식이 마음 가장 깊은 곳에 자리 잡고 인간을 지배합니다.

마을 경로당에서 어르신들에게 점심을 대접하고 있는데 허 씨 할머니의 안색이 좋지 않았습니다. 입을 삐죽거리고 눈을 힐긋거리면서 내게 뭘 말하려는 듯했습니다.

"할머니, 뭐 필요한 게 있으면 말씀하세요."
"뭐 하러 왔대. 어휴, 꼴도 보기 싫어."

허 씨 할머니는 소파에 앉아 있는 한 씨를 눈으로 가리킵니다. 사실두 분 사이는 먼 친척관계입니다. 서로 마주치기도 싫어하고 함께 있는 자리는 피하고 봅니다. 이것이 그들을 얼마나 고통스럽게 할까요. 사람들은 예수님과 복음에 대해서 '피하고 보자'라는 마음을 가지고 있습니다. 이 마음은 우리로 소중한 것들을 잃어버리게 만듭니다. 사람, 관계, 일, 사건 등 모든 것에 대한 우리의 자세가 '피하고 보자' 보다는 '맞닥뜨려 보자'로 바꾼다면 놀라운 세계를 경험하게 될 것입니다. 단순히 맞닥뜨릴 때 어려운 문제와 관계가 쉽게 해결되는 것을 경험합니

들풀 위에 깃든 믿음

다. 누가복음 15장에서 잃은 아들 비유에서 아들은 두 가지를 맞닥뜨리게 됩니다. 첫째는 자신의 죄이고, 둘째는 아버지입니다. "내가 하늘과 아버지께 죄를 지었사오니"(눅 15:21). 예수님은 지금 나에게 맞닥뜨림으로 오셨습니다. 먼저 나의 연약, 나의 수치, 나의 무능, 나의 죄에 맞닥뜨려야 합니다. 그 후에 하나님을 맞닥뜨릴 수 있습니다. 이사야 선지자는 이런 경험을 하게 됩니다. "그때에 내가 말하되 화로다 나여 망하게 되었도다 … 만군의 여호와이신 왕을 뵈었음이로다"(사 6:5). 이 맞닥뜨림 후에 이사야는 하나님의 사명을 받습니다.

"주님, 마음을 그대로 드리면서 맞닥뜨림으로 주님 앞에 서겠습니다."

순수

유난히 밝고 따스한 햇살이 연록의 산과 들에 가득한 정오, 한 무리의 방문자들이 교회로 들어왔습니다. 인사하고 교회 마당 의자에 앉아 대화를 나눴습니다. 한 분이 대화의 흐름과 전혀 관계없는 질문을 했습니다. 아마 평소에 마음 깊이 묻어둔 질문 같았습니다.

"목사님, 현대 그리스도인들에게 가장 큰 문제가 뭐라고 생각하세요?"

"순수함이 없어요."

나의 입에서 '툭'하고 나온 대답도 그동안 마음속에 간직하고 있던 나의 생각이었습니다. 순수한 사람을 찾기 어려운 것처럼 한글 성경에서도 순수라는 단어를 찾기 어렵습니다. 순수를 사도 야고보는 두 마음을 품지 않는 것으로 표현합니다. 믿음과 불신, 하나님과 사탄이 뒤

섞이지 않은 마음입니다(약 1:8, 4:8).

"마음이 순수한(pure) 자는 복이 있나니 그들이 하나님을 볼 것임이요"(마 5:8, KJV).

큰길에서 우리 마을로 들어서면 중간중간에 바위를 붙들고 피어 있는 진달래꽃을 쉽게 볼 수 있습니다. 진달래는 화려하지 않지만 순수함이 몸에 잔뜩 배어있습니다. 겨우내 눈보라와 강한 추위를 이기고 가장 먼저 예쁜 모습을 드러내는 꽃이기에 더욱 마음이 갑니다.

지난 주간에 강원노회 목회자 수련회를 위해 대만에 다녀왔습니다. 대만은 1991년 1월에 다녀온 후에 33년 만입니다. 대만은 나에게 매우 특별한 나라입니다. 신학교 다닐 때 주님을 인격적으로 만나고 은혜에 감사해서 중국을 위한 선교사로 삶을 드리기로 했습니다. 당시에는 중국이 개방되지 않은 때였기에 들어갈 수가 없었습니다. 그러던 차에 갈릴리의료선교회에서 해외 단기선교를 모집하고 있었습니다. 대만, 필리핀, 인도네시아, 태국이 있었는데 그중에 대만을 지원한 것도 중국선교를 염두에 둔 것이었습니다. 신학교 다니면서 배운 침술로 선교팀에 동참하게 되었습니다. 대만은 나의 첫 해외 여행지이며 첫 선교지였습니다. 선교로 처음 비행기를 타고 해외로 간다는 것이 매우 가슴 설레었던 기억이 납니다. 대만에 도착해서 고산(高山)지역에 있는 산지족에게 가서 의료봉사를 하면서 복음을 전했습니다. 나도 한쪽에 자리를 잡고 침술로 봉사했습니다. 다양한 병든 자들이 왔습니다. 어느 날 한쪽 손이 굳어있는 환자가 왔습니다. 그를 위해 침을 놓고 손이 펴지기를 원했지만, 꼼짝도 하지 않았습니다. 그의 간절한 눈동자를 보고 있으니 안타까운 마음이 들어 하나님께 기도하자 하나님이 용기와 지혜를 주셨습니다. 그래서 굳어있는 그 환자의 손을 잡고 다시 침을 놓은 후 주변에 있던 형제자매들을 불러 모아 간절히 기도하고 침을 뺐습니다. 그리고 환자에게 몸짓으로 손을 움직여 보라고 하자 그는 손가락을 조금씩 움직이기 시작하더니 손이 풀린 것처럼 자유롭게 움직였습니다. 주변에 있던 마을 사람들이 환호성을 지르고 손뼉을 치면서 좋아했습니다. 분명한 것은 침술에 의해서가 아니라 간절한 기도로 이루어졌음을 알게 되었습니다. 이것이 대만에서 일어난 나의 특별한 하나님의 역사였습니다.

이번 대만 목회자 수련회에는 36명의 목사님과 사모님이 함께 했습니다. 대만의 수도인 타이베이에 있는 자연사 박물관으로 이동하다가 한 사모님이 발을 잘못 디더 넘어지게 되었고 발목이 붓고, 멍들었습니다. 옆에서 부축하고 계신 목사님께 말씀드렸습니다.

"목사님, 제가 신학교 다닐 때 학교에서 침술을 배웠습니다. 그래서 학교에서는 학생들에게, 농촌 선교할 때 침술로 봉사했습니다. 원하시면 제가 침을 놓아 드리겠습니다."

들풀 위에 깃든 믿음

다음 날 아침 목사님으로부터 전화가 와서 침을 놓아달라고 했습니다. 도착해서 보니 발목이 부어있었고 멍이 조금 들어있었습니다. 침을 놓아 드리고 왔습니다. 나중에 목사님으로부터 많이 좋아졌다는 감사 문자를 받았습니다. 사모님의 치료가 잘되었다는 소식을 듣는 순간 나는 33년 전 대만에서 선교했던 때가 떠올랐습니다. 놀라운 하나님의 역사가 일어난 곳이 대만이었고, 사모님을 침으로 치료하는 과정을 통해 하나님은 나를 당시의 상황으로 돌아가게 했습니다. 그때는 오직 하나님 나라 선교의 열정으로 불타고 있었습니다. 그때 나의 모습을 봄과 동시에 지금 나의 모습을 겹쳐서 보게 되었습니다. 지금은 영과 육이 많이 지쳐있고 무엇보다도 영적으로나 육체적으로나 순수함이 없어진 나의 모습을 보게 되었습니다. 동시에 마음 한구석에 왠지 모를 뜨거움이 대만에서 쑥쑥 자라고 있는 대나무 순처럼 올라오는 것을 느끼면서 다음과 같이 다짐했습니다.

'주님께 헌신했던 때로 돌아가야 한다. 선교 열정으로 불탔던 때로 돌아가야 한다. 지금 나의 삶에 파묻혀 있으면 아무것도 이룰 수 없다. 오염된 내 생각을 벗어버리고 겉치레로 걸치고 있는 위선의 옷을 벗고 다시 순수한(Pure) 헌신의 때로 돌아가자.'

뒷동산 소나무가 항상 푸른 것처럼
늘 신실하신 하나님을 찬양합니다.
계절의 변화에 흔들리지 않는
굳건한 믿음을 주소서.

주님의 손길이 닿는 곳마다
꽃들이 기쁨으로 노래하고 있습니다.
능력의 손을 우리에게 얹으사
영원한 하늘의 소망으로
기쁨의 찬양을 드리게 하소서.

오래된 복숭아나무에도 예쁜 아기 꽃이 피듯이
점점 연약하고 무기력해지는 마음과 육체에
성령을 부어주셔서
생명 복음의 전달자가 되게 하소서.
한국 교회를 긍휼히 여기소서.

오월

들박하 향기에서
주님의 음성을 듣는 달

썩은 새끼줄

　산으로 둘러싸여 있는 도심리는 조용하고 작은 산골 마을입니다. 내가 처음으로 마을 반장일을 보기 전에는 머위 골에 사는 김 씨가 반장일을 보았습니다. 인천에서 살다가 귀촌했는데 젊은 혈기에 열심히 하는 것 같아서 마을 사람들이 반장일을 맡겼습니다. 반장일을 보다가 몇몇 주민과 부딪히자 그만 의욕을 잃고 일 년 만에 못하겠다며 나자빠졌습니다.

　"좀 참고 해 보세요."
　"일 못한다고 타박만 하니 야코가 죽어서 못하겠어요."

　코가 쑥 들어간 표정으로 말했습니다. 김 씨 전에는 한 씨가 반장일을 보았습니다. 폐암으로 건강이 나빠지는 바람에 일 년을 채 못했

　★-))) ❀ ((-★-))) ❀ ((←　들풀 위에 깃든 믿음

습니다. 한 씨 전에는 임 씨 아저씨가 반장일을 보았습니다. 주민들로 부터 좋은 평은 받지 못했지만, 꽤 여러 해 동안 반장일을 보았습니다. 아저씨가 반장일을 오랫동안 볼 수 있었던 비결이 무엇일까를 생각해 보았습니다. 아저씨가 나에게 자주 했던 말이 있습니다.

"누구와도 절대 원수를 만들지 마라."

임 씨 아저씨는 이상하리만치 자주 히죽히죽 웃으시고 다툼이 일어 날 것 같으면 손에 막걸리 한 병 들고 찾아가서 감정을 풀어버리고 원 수를 만들지 않으려고 노력했습니다. 술을 무척 좋아했던 아저씨는 끝 내 위암으로 돌아가셨습니다. 아저씨의 장례를 치르고 산에서 내려오 는데 몇몇 어르신들이 저에게 말했습니다. "그 양반 없어서 서운해서 어쩌나." 원수를 만들지 말라는 단순한 말이 저의 마음에 잘 박힌 못처 럼 새겨져 있습니다. 아저씨는 투박하고 배운 지식은 없었지만, 산골 짜기에 살면서 경험으로 얻은 지혜는 그 어떤 보석보다 아름다운 빛을 발했습니다.

신 씨 할머니는 이야기보따리를 옆구리에 차고 있는 이야기꾼입니 다. 살아오면서 경험한 이야기를 쏟아놓으면 한도 끝도 없습니다. 기 억력도 좋으셔서 저는 까맣게 잊고 있던 일도 자세히 기억하고 계셨습 니다. 우리 마을에는 홀로 되신 할머니 몇 분이 계십니다. 매년 어버이 날이 다가오면 이분들을 모시고 홍천읍에 가서 맛있는 음식을 대접해

드렸습니다. 그러면 꼭 어린아이들처럼 좋아했습니다. 올해에도 신 씨 할머니에게 식사하러 가자고 말씀드렸더니 얼굴에 미안한 표정이 가득했습니다.

"목사님, 작년에는 삼계탕 얻어먹고 무궁화 공원에 갔고, 재작년에는 북방 넘어가는데, 가서 갈비탕도 얻어먹었는데, 맨날 얻어먹기만 하면 어떻게요? 미안해서 못 가겠어요."

이런 신 씨 할머니한테서 자주 듣는 말이 있습니다.

"사람은 꼭 썩은 새끼줄 대하듯 해야 해. 너무 정을 줘도 안 되고 너무 서운하게 해서도 안 돼."

서로 왕래하며 지내되 너무 사람을 가까이하거나 의지하지 말라는 뜻입니다. "도울 힘이 없는 인생들을 의지하지 말라"(시 146:3)는 말씀입니다. 평생 농사일로 울퉁불퉁한 손과 햇볕에 그을리고 주름이 잡힌 얼굴이 꼭 썩은 새끼줄처럼 보이는 신 씨 할머니지만 그 모습 속에 영롱하게 반짝거리는 숨겨진 보석을 보았습니다.

봄이 되자 교회 동산에는 다양한 꽃의 싹이 올라오고 있습니다. 그 자체가 신비와 기쁨입니다. 그중에 제가 관심이 있었던 꽃은 바로 과꽃입니다. 이른 봄에 과꽃 씨를 뿌려놓았는데 아무리 기다려도 보이질 않았습니다. 그래서 올해는 과꽃을 볼 수 없을지도 모른다고 생각했었는데, 어느 날 과꽃의 싹이 돋아나기 시작했습니다. 과꽃 씨앗은 너무 작아서 눈에 보이지 않았고 싹이 나올 때도 다른 식물과 구별하기 어려웠습니다. 성장하면서 그의 모습을 드러내자, 알게 되었습니다. 아직도 꽃의 형태는 없지만, 과꽃임을 분명히 알 수 있습니다. 머지않아 빨간 과꽃이 교회 동산을 아름답게 장식할 것입니다. 먼지처럼 작은 과꽃 씨앗 안에는 "사랑의 승리는 반드시 당신의 것입니다"라는 꽃말의 아름다운 향기를 가득 품은 과꽃이 피어 있습니다.

이스라엘과 요르단을 방문한 적이 있습니다. 이스라엘의 자연환경은 제가 살고 있는 도심리 마을보다 못하다는 느낌을 받았습니다. 그런데 성경에서 이스라엘 땅을 "젖과 꿀이 흐르는 땅이요 모든 땅 가운데 가장 아름다운 땅"(겔 20:6, the most beautiful of all lands, NIV)이라고 했습니다. 성경에서 젖과 꿀이 흐르는 땅은 미래가 아닌 현재에 이루어진 사실로 말씀합니다. 그러나 제가 본 이스라엘 땅에는 젖과 꿀이 흐른 흔적조차도 없었습니다. 출애굽 당시에 이스라엘 백성들도 그들이 노예로 살았던 애굽을 젖과 꿀이 흐르는 땅으로 여겼습니다(민 16:13). 인간적인 눈으로 볼 때 가나안 땅은 척박하고 가나안 일곱 부족이 사는 땅인데 어떻게 그곳을 하나님은 젖과 꿀이 흐르는 땅이요 모든 땅 가운데 가장 아름다운 땅이라고 말씀하셨을까요? '모든 땅 가운데 가장 아름다운 땅'은 분명 에덴동산입니다. 에덴은 아담과 하와의 범죄 이후에 숨겨졌습니다. 지금까지 누구도 발견하지 못하고 있습니다. 그 에덴이 지금의 이스라엘 땅에 숨겨져 있다는 상상을 해봅니다. 우리 눈에는 보이지 않지만, 하나님의 신비한 방법으로 간직해 놓으셨습니다. 척박한 이스라엘 땅에서 젖과 꿀이 흐르는 땅을 보듯이 돌짝 밭 같은 내 안에서 천사보다 더 찬란하게 빛나고 있는 하나님의 형상과 모양을 봅니다.

오, 놀라워라

이른 아침입니다. 이슬들이 곰취잎 끝에 가지런히 맺혀있습니다. 곰취는 잎의 모양이 곰 발바닥을 닮았다고 해서 붙여진 나물 이름입니다. 하늘땅공동체에서 재배하는 곰취는 자연적으로 기르기 때문에 아기곰 발바닥처럼 작습니다. 곰취들은 초롱꽃, 개망초, 토끼풀, 민들레, 엉겅퀴 같은 들풀들과 함께 사이좋게 자라고 있습니다. 풀 속에 있는 곰취를 발견할 때마다 얼마나 놀라운지 감탄의 탄성이 저절로 나옵니다.

"오, 놀라워라!"

미래와 둘로스가 짖어대는 것으로 보아 성도님들이 오고 있는 것이 분명합니다. 제일 먼저 조 집사님이 오토바이를 타고 올라오셨습니다. 김 집사님, 이 집사님은 걸어오셨습니다. 함께 모여 기도하고 바구니를 하나씩 가지고 곰취밭으로 갔습니다. 곰취 잎을 따서 바구니에 하나씩 넣었습니다. 아침 안개와 함께 환하게 퍼지는 곰취의 향이 마음을 시원하게 합니다. 곰취 잎 하나가 자라기까지 얼마나 놀라운 역사가 일어나는지 모릅니다. 해, 달, 비, 계절, 흙, 공기 등 어느 것 하나라도 없으면 곰취 잎을 딸 수 없습니다. 곰취 잎 하나를 위해 온 우주가 총동원되었습니다. 곰취 잎에서 온 우주의 힘의 집합체를 봅니다. 성도님들은 채취한 곰취를 받는 모든 사람에게 우주의 기운, 하나님의 생명을 나눈다는 마음을 가지고 함께 즐겁게 일을 합니다.

교회 옆에는 작은 연못이 있습니다. 이 연못은 자연정화를 위한 연못입니다. 교회 정화조에서 나온 물과 산에서 흘러나오는 물이 합쳐져서 이루어진 연못입니다. 연못 주변에는 미나리를 심어서 물을 정화하고, 정화조의 물도 EM 유용 미생물로 정화한 후에 연못으로 흘려보냅니다. 연못에는 개구리뿐 아니라 버들치도 살고 있습니다. 지금은 배에 빨간 얼룩을 가진 무당개구리들이 낳아놓았던 알들이 올챙이로 자라고 있습니다. 연분홍의 앵초꽃이 그의 잎을 떨어뜨리자, 군락을 이룬 보랏빛 붓꽃이 고고한 자태를 드러냈습니다. 산들바람에 흔들리는 모습이 꼭 천사들이 땅에 내려온 것 같습니다.

"오, 놀라워라!"

저녁 마을 회의를 마치고 돌아오는 길에 심 씨 할머니와 나눈 대화입니다.

"나는 평생 벙어리처럼 살아왔어. 힘들어도 말 못하고, 아파도 말 못하고, 싫어도 말 못하고 살아왔지. 목사님도 도심리에서 그렇게 사셨어. 그래도 목사님은 산속 깊은 곳에 사시니까 산신령이 지켜주실 거야, 그렇죠?"

"저도 벙어리처럼 살았어요. 아니, 바보처럼 살았어요."

"맞아, 목사님은 우리 마을에서 바보처럼 살아왔어."

"그런데 할머니, 산신령은 오래전에 돌아가셔서 지금은 없어요. 하나님은 살아계셔서 저와 항상 함께 계시거든요. 할머니도 이제는 돌아가신 산신령 믿지 말고 하나님을 믿으세요."

위암으로 위독했던 하 씨 할머니가 건강을 회복하셔서 여기저기 마실 다니십니다. 올 초만 하더라도 곧 어떻게 될 것만 같았는데 지금은 예전처럼 건강해지셨습니다. 매우 아플 때 방문해서 간절히 기도해 드렸더니 매우 고마워하셨고 지금 건강하게 된 것이 나의 기도 때문이라는 생각을 하는 듯합니다. 밭둑에 있다가도 지나가면 손을 흔들면서 차를 불러세우면서 커피를 마시고 가라고 소리칩니다. 그날도 할머니 집을 지나려고 하는데 강아지 똘이를 쓰다듬고 있던 할머니가 나를 보자 손을 흔들면서 소리쳤습니다.

"테레비가 안 나와. 어제 아들이 왔다 가면서 테레비를 *끄고* 간 후로 안 나와."

차를 세우고 집으로 들어갔습니다. 이런 비슷한 일이 종종 있습니다. 대부분 디지털 TV이기 때문에 설정의 문제인 경우가 많습니다. 이럴 때 TV 전원을 껐다가 켜거나 카드를 다시 꽂으면 대부분 작동합니다. 사실 아무것도 아닌데 멍텅구리 텔레비전에서 소리와 화면이 다시 나오면 할머니는 어린아이처럼 기뻐합니다.

아기곰 발바닥처럼 생긴 곰취에서, 연못에 오글거리고 있는 무당개구리 올챙이들에게서, 보랏빛 붓꽃에서, 소녀의 볼을 닮은 분홍빛 앵초에서, 벙어리처럼 살아오신 심 씨 할머니한테서, 텔레비전을 다시 볼 수 있는 된 것을 기뻐하는 허 씨 할머니 안에서 하나님이 현존하시는 임재를 봅니다.

하나님의 천지창조는 하나님의 감탄으로 이루어져 있습니다(창 1:4). 창세기 1장에서만 일곱 차례 등장합니다. 하나님은 창조하실 때마다 "좋았더라"는 말씀을 하시면서 그의 피조물 안에 이 말과 함께 하나님의 감격을 넣었습니다. 이것은 하나님의 영원한 능력과 신성이 하나님이 만드신 만물에 분명히 보여 알려졌습니다(롬 1:20). 하나님은 만유 가운데 계십니다(엡 4:6). 모든 피조물은 하나님 안에서 하나로 연결되어 있으면서 하나님의 능력과 신성을 드러냅니다. 이것은 말로 형언

할 수 없는 아름다움과 존귀함을 소유하게 합니다. 이것을 알게 될 때 진정한 하나님의 감탄을 들을 수 있고 이것이 바로 나의 감탄이 될 수 있습니다.

"오, 놀라워라!"

태어남

　고요한 새벽, 칠흑 같은 어둠을 뚫고 내리는 비가 창문에 부딪히면서 은방울 소리를 냈습니다. 빗소리를 들으며 온 천지에 비를 내려주시는 하나님의 모습을 그려보았습니다. '하나님은 주무시지도 않으시네.' 땅을 흡족하게 적신 비가 모든 생물에게 생기를 줄 것을 생각하니 새로운 힘이 온 몸으로 퍼져나갔습니다. 아주 희미한 새소리가 어둠 너머로부터 들려왔습니다. 그 소리가 나의 머릿속으로 파고들어 오더니 잠들어 있던 기억을 깨워주었습니다. 다름 아닌 뻐꾸기 소리였습니다. 어린 시절부터 뻐꾸기를 좋아했습니다. 뻐꾸기는 나에게 늘 새로움과 봄날의 따뜻함을 가져다주었습니다. 뻐꾸기를 잡아보겠다고 뻐꾸기 소리를 쫓아 산을 헤맨 적도 있습니다. 뻐꾸기 소리를 들으면서 아카시아꽃을 따먹고 시냇물에서 가재를 잡으며 놀았습니다. 그래서 뻐꾸기 소리에는 친근한 어린 시절 추억이 고스란히 스며있고 모성적

따뜻함이 있습니다. 나는 습관적으로 자연의 소리를 통해 하나님의 음성을 들으려고 합니다. 흐르는 시냇물 소리에서, 나무 사이를 지나며 나뭇잎을 흔들면서 내는 바람 소리에서, 모내기를 끝낸 논에 울어대는 개구리들의 합창에서 하나님의 음성을 들으려고 합니다. 뻐꾸기가 무엇을 말하고 있는지 귀를 기울이자 하나님의 음성이 들렸습니다. 그것도 무한 반복하는 소리였습니다.

"뻐꾹, 뻐꾹 …."
"힘내, 힘내 …."

들는 순간 마음에 평화가 찾아왔고 하늘로부터 생명의 탄생과 같은 환희가 부드러운 비처럼 내려왔습니다.

뻐꾸기의 소리를 들으면서 교회 바로 옆 산기슭에 있는 작은 연못으로 발길을 향했습니다. 연못의 이름은 실로암입니다. 지금 연못에는 수많은 올챙이가 있습니다. 올챙이들이 모두 비슷하지만, 실상은 다릅니다. 세 종류의 올챙이들이 있습니다. 첫째는 무당개구리, 둘째는 산개구리, 셋째는 도롱뇽 올챙이들입니다. 가까이 다가가자, 올챙이들은 자신들을 해치는 줄 알고 꼬리를 좌우로 흔들면서 물속으로 빠르게 들어갔습니다. 이 올챙이들은 점점 자라면서 각각 다른 모습을 갖게 될 것입니다. 같은 연못이지만 누구에게서 태어나느냐에 따라 달라집니다. 태어남이 모든 것을 결정합니다. 세상은 태어남으로 충만합니다. 태어남은 모양, 삶, 신분을 결정합니다. 개구리의 삶, 장미꽃의 삶, 사람의 삶을 각각 살게 됩니다. 그런데 우리에게 놀랍고 신비한 탄생이 있는데 바로 거듭남입니다.

김승희 성도님은 비닐하우스에서 일하고 계셨습니다. 하우스에 물을 주려고 하는데 모터 펌프에 물 호스가 연결되어 있지 않아서 물을 줄 수 없다고 했습니다. 그래서 집 옆에 있는 시냇물을 모터 펌프에 있는 호스로 연결하여 물이 나올 수 있도록 했습니다. 물이 잘 나왔습니다. 문제는 먹을 물이었습니다. 그동안 식수를 개울 건너에 있는 계곡물을 끌어다 사용했습니다. 그런데 큰 비에 물 호스가 흙에 묻히면서 식수가 끊기게 되었습니다. 집에 가서 여분의 호스를 가지고 와서 계곡에 묻어둔 물통과 연결했습니다. 약 80m 거리를 호스로 연결하기 위해서는 도로 밑에 묻혀있는 배수관을 통과해야 하는데 어쩔 수 없이 배수관으로 들어가서 호스를 끌어내야 합니다. 배수관이 좁아서 무릎으로 기어들어 갔습니다. 모두 연결한 후에 물이 나오기를 기다렸습니다. 아무리 기다려도 물이 나오지 않았습니다. 다시 점검해 보니 물통에서 연결된 호스가 빠져 있었습니다. 호스를 다시 연결하자 물이 나오면서 식수로 사용할 수 있게 되었습니다. 물이 나오는 것을 보자 김승희 성도님은 기뻐하면서 연신 고맙다고 인사를 합니다. 김승희 성도님과 함께 앉아서 대화를 나눴습니다.

✿ ⟫⟫⟫ ✿ ≋⟫⟫ ✿ ≋ 들풀 위에 깃든 믿음

"저는 김승희 성도님이 하나님의 자녀가 된 것이 얼마나 기쁜지 모릅니다. 우리 하나님이 가장 기뻐하실 겁니다."

주님 안에서 새로운 생명이 태어났습니다. 하나님으로부터 태어나 하나님의 자녀가 된 것입니다. 이것이 나를 기쁘게 하는 이유는 내 안에 계신 하나님이 기뻐하시기 때문입니다. 김승희 성도님은 2023년, 78세에 새로 태어났습니다. 한 달 전만 하더라도 '김승희 아주머니'로 불렀었는데 이제는 하나님의 은혜로 '김승희 성도님'이 되었습니다. 놀랍고 신비한 탄생입니다.

"예수께서 그리스도이심을 믿는 자마다 하나님께로부터 난 자니"(요일 5:1). 예수가 그리스도임을 믿을 때 하나님으로부터 태어납니다. 예수를 믿는 것은 예수 안에 있는 것이고 예수 그리스도 십자가의 대속으로 거듭난 자가 됩니다. 예수님의 십자가는 꼭 모태와 같습니다. 모태의 고통이 생명을 잉태하는 것처럼 예수님의 고통이 하나님으로부터 태어나게 합니다. 예수님과 하나님은 한 분이시기에 생명의 주관자이신 하나님이 우리를 예수 그리스도 안에서 거듭남을 일으킨 것입니다. 사람에게서 사람이 태어나듯이 하나님으로부터 하나님이 태어납니다. 우리가 바로 하나님과 같은 영원한 신성을 가진 존재로 태어납니다(시 82:6; 빌 3:21). 이것이 거듭남의 신비입니다.

하늘을 활보하는 까마귀와
들풀도 돌보시는 하나님,
온화한 사랑으로 가득한 6월을
선물로 주셔서 감사합니다.
연록의 나뭇잎이 짙어지는 것처럼
하나님을 향한 사랑도 짙어지게 하소서.

앞다투어 꽃을 피웠던 과일나무에
사랑스런 열매를 맺게 하시는 예수님,
한곳에 머무르려고 하는 저에게
열매를 맺는 믿음으로 자라게 하소서.

친구 중의 친구이신 성령님,
가장 가까이 계시면서
항상 기뻐하고 쉬지 말고 기도하고
범사에 감사하는 삶을 통해
하나님의 뜻을 이루게 하소서.

몸보다
마음을 움직이는 달

생각을 기도로

주일 아침, 바람의 숨결을 느끼며 공동체 위에 있는 겟세마네 기도 동산을 오르고 있었습니다. 하얀 망초꽃이 밤하늘에 흩뿌려진 별처럼 미소를 지으며 나에게 인사를 건넸습니다. 시원하고 부드러운 바람이 복잡한 내 마음을 스쳐 지나가면서 한 음성을 툭 던져 주었습니다.

"생각을 기도로!"

"생각을 기도로"라는 소리가 점점 커지더니 온 천지에 메아리쳐 울렸습니다. 저의 입술도 '생각을 기도로'를 웅얼거리며 발걸음을 옮기고 있는데 이 말에 대한 깨달음이 밀려왔습니다. '내 모든 생각을 기도로 하나님께 맡기자.' 더 나아가 '내 모든 생각을 하나님의 생각으로 바꾸자'로 발전했습니다. 내 생각과 하나님의 생각이 어떤 차이가 있을까?

"내 생각은 너희의 생각과 다르며", "내 생각은 너희 생각보다 높음이니라"(사 55:8, 9).

우리 교회를 방문하는 사람들은 땅속에 교회가 지어져 있는 것을 보고 몹시 놀라곤 합니다. 땅속 교회를 짓게 된 의미를 설명하면 더욱 감탄합니다.

"어떻게 땅속에 지을 생각을 했어요? 누가 이런 아이디어를 냈어요?"

"이것은 저의 생각이 아니라 하나님의 생각입니다. 제가 땅속에 교회를 건축한다고 하자 많은 사람이 위험한 시도라고 반대했습니다. 그러나 하나님이 저에게 이런 아이디어를 주셨기에 제가 확신하고 건축할 수 있었습니다."

교회의 지붕도 따로 없고 지붕 자체가 자연 꽃동산으로 되어있습니다. 저 역시도 땅속 교회를 바라볼 때마다 하나님 생각의 오묘하심에 놀랄 뿐입니다. 땅속에 있는 우리 교회는 예수님의 무덤을 표현했습니다. 세상 모든 무덤은 핑계가 있는데 예수님의 무덤에는 핑계가 없습니다. 예수님 무덤의 유일한 특징은 빈 무덤입니다. 그러면서 예수님의 죽음과 부활을 동시에 증거합니다. 예배당 안에는 양쪽 벽에 요나의 물고기를 그려 넣으므로 예수님의 죽음과 부활을 묘사했습니다. 예배당에 들어오면 왼쪽 벽에 요나 선지자가 큰 물고기에 먹혀 바다 밑으로 내려가는 그림을 볼 수 있고 예배당을 나갈 때는 요나 선지자가 밤낮 삼 일을 바다 밑에 있다가 물에서 나오는 물고기 모습에서 예수님의 부활을 표현했습니다. 이것이 하나의 메시지가 되는데 예배당에 들어와서는 그리스도와 함께 십자가에 못 박혀 죽음으로 자아의 죄와 죽음을 고백하고 나갈 때는 부활의 주님과 함께 부활의 증인의 삶을 결단하고 나갑니다. 땅속 교회는 한 편의 설교이고 드라마이고 신령한 노래입니다.

　호미로 옥수수를 심고 있었습니다. 땅을 파자 지렁이들이 나왔습니다. 긴 지렁이, 짧은 지렁이, 통통한 지렁이, 무지개 빛 나는 지렁이, 모습도 참 다양합니다. 호미에 의해 흙과 함께 올라온 지렁이들은 한결같이 몸을 뒤틀고 심하게 꿈틀거리면서 말했습니다.

　"땅속에서 얌전하게 잘 지내고 있는 나를 왜 건드려요."

　옥수수를 심다 말고 지렁이를 보며 생각에 잠겼습니다. '지렁이는 흙을 먹고 산다는데 정말일까? 지렁이는 땅에 퇴비를 만들고 밭을 기경하는 역할도 한다는데 정말일까?' 지렁이 한 마리를 보면서 수많은 생각을 했습니다. 어떨 때는 성경을 읽으면서 딴생각에 빠져 있는 채 성경을 읽을 때도 있습니다. 그러면 '아차' 정신을 차리고 돌아가서 읽곤 합니다. 오만 가지 생각을 가지고 있습니다. 우리 생각의 대부분이

　　들풀 위에 깃든 믿음

부정적임을 부인할 수 없습니다. 그러나 작은 내 생각 속에 얼마나 많은 것을 포함할 수 있는지 모릅니다. 내 생각 속에 수천수만의 사람이 들어와 있고, 하늘의 모든 별이 들어와 있고, 과거, 현재, 미래도 들어와 있습니다.

"기도도 하고 말씀도 정기적으로 읽고 하는데 왜 이렇게 갈등과 고통이 계속되는지 모르겠어요. 어떻게 살아야 할지 모르겠어요. 무엇을 위해 살아야 할지도 모르겠어요."

이 말은 지금 막 예수를 믿은 성도의 말이 아니라 모태신앙이고 교회 안에서 기도 훈련, 말씀 훈련, 심지어 전도 훈련을 받은 성도의 탄식입니다. 거의 무신론자와 같은 말을 서슴지 않고 합니다. 그동안 자신이 지녀왔던 믿음이 아무 효력이 없음을 경험했습니다. 옆에서 볼 때도 '어떻게 저렇게 쉽게 무너질 수 있을까?'라는 의문을 가질 정도입니다. 그동안 쌓아왔던 믿음의 집이 순간에 무너지고 폐가가 되어 아무것도 남아 있지 않은 모습입니다. 자신을 완전히 포기하고 한 순간에 영적 빈 깡통이 되었습니다. 이것은 자신의 생각 속에서 자신을 보고 자신의 세계를 만들고 자신이 주인이 되었기 때문에 나타나는 현상입니다.

만물보다 거짓되고 심히 부패한 것이 바로 우리의 생각입니다(렘 17:9). 죄와 욕심이 생각의 세계를 완전히 오염시켰습니다. 이것으로 인해 마음과 육체는 병들고 고통하고 있습니다. 내 생각이 나의 세계를 만들고 하나님의 생각은 하나님의 세계를 만듭니다. 내 생각도 그 높이, 깊이, 넓이가 한없는데 하나님의 세계는 우리의 상상을 넘어섭니다. 하나님의 위대하심을 측량할 수 없습니다(시 145:3). 하나님 생각의 세계를 소유하게 되는 순간 내 생각의 세계는 발에 묻은 먼지와 같이 여기게 될 것입니다. 내 생각을 하나님의 생각으로 바꿀 수만 있다면 신비하고 끝없는 하나님의 세계를 소유하게 될 것입니다.

"너희 안에 이 마음을 품으라 곧 그리스도 예수의 마음이니"(빌 2:5).

여기에 나와 있는 마음은 헬라어로 생각을 뜻하는 '프로네오'입니다. 이것을 직역하면, "너희 안에 이 생각을 품으라 곧 그리스도 예수의 생각이니"입니다. "생각을 기도로"라는 말씀은 나의 생각이 예수님의 생각으로 바뀌는 과정이요 훈련을 의미합니다. 지금 이 순간에도 흥얼거려 봅니다. "생각을 기도로, 생각을 기도로…." 그러면 어느 순간 예수의 생각을 품게 될 것입니다. 예수님이 생각하는 것을 생각하게 됩니다. 예수님이 생각하는 것이 예수님의 세계를 만들기 때문에, 우리는 예수님의 세계 속에 있으면서 예수님의 세계를 맛보게 됩니다.

오, 놀라워라!

백합

간밤에 내린 비로 시냇물이 제법 소리를 내며 흐르고 있습니다. 시냇물 소리는 하늘 아래에서 들을 수 있는 가장 순결하고 거룩한 음악입니다. 옴매기 골짜기에 사는 신 씨 할머니가 돌담 밑에서 고슴도치처럼 웅크리고 앉아서 일을 하고 계셨습니다. 돌담 밑에 있는 금낭화, 딸기, 채송화, 도라지, 명자나무, 더덕, 코스모스, 백합화, 등 여러 화초를 돌보고 계셨습니다. 할머니는 이제 연세가 많이 드셔서 일은 열심히 하는 것 같은데 늘 제자리에 있는 것처럼 보이고 일한 티가 잘나지 않습니다. 그래도 항상 몸을 움직이며 일하시는 모습이 저의 마음을 안심하게 만듭니다. 가던 길을 멈추고 할머니에게 다가가자 말을 걸어왔습니다.

"목사님, 이 백합 보세요. 목사님이 주신 꽃인데 얼마나 예뻐요."

듬성듬성한 치아를 드러내시면서 밝게 웃으시면서 말하는 모습이 옆에 있는 백합화를 닮았습니다. 최 씨 아주머니가 어느 날 꽃모종과 창포 뿌리를 가지고 왔습니다.

"목사님, 그동안 늘 받기만 했는데 미안한 마음을 좀 갚으려고 꽃모종을 가지고 왔습니다."

그동안 매년 부활절에 교회에서 백합화 알뿌리를 나누어 주었는데 그것에 대한 고마움의 표시였습니다. 비닐하우스 박 씨 아저씨 뜰 안에도 노란 백합화가 피어 있습니다. 마을 집이 백합화가 빨강, 노랑, 주황, 흰색의 다양한 색깔의 미소를 짓고 있는 것을 쉽게 볼 수 있습니다. 주민들은 백합화를 귀한 꽃으로 여깁니다. 그래서 집 근처 햇빛 잘 들고 가장 보기 좋은 곳에 심어 놓았습니다. 마을을 오가면서 집마다 피어 있는 백합화는 내 영혼에 새 기쁨과 힘을 줍니다. 백합화는 모습만으로도 그 향기를 온 누리에 가득 퍼지게 합니다.

예전에는 부활절에 삶은 달걀을 예쁘게 포장해서 선물로 주민들에게 나누어 주었습니다. 달걀을 나누어 주면 받는 것에 대한 고마움을 잠시 표시하지만 진짜 기뻐하는 것 같지 않았습니다. 왜냐하면 농가마다 기본적으로 닭을 한두 마리는 키우고 있습니다. 그래서 달걀은 늘 있습니다. 그런데 달걀을 나누어 주면 새로운 선물을 받는다는 느낌을 갖지 못하는 것 같았습니다. 그래서 부활절에 예수님의 부활과 관계

들풀 위에 깃든 믿음

되면서 주민들에게 기쁨을 주고 마을을 아름답게 할 수 있는 선물을 고르다가 백합 뿌리를 선물로 주었습니다. 받으면서 '올해는 어떤 색깔의 백합화가 필까?'를 기대하면서 좋아하십니다.

성경에도 백합화가 나옵니다. 가장 많이 등장하는 곳은 아가서입니다. 아가서에서 백합화는 솔로몬왕이 사랑한 술람미 여인에 비유합니다. 이것은 신랑과 신부, 즉 예수님과 교회와의 관계로도 설명합니다. 백합화는 이스라엘의 회복에 대한 비유로 사용되었는데 호세아는 "저가 백합화같이 피겠다"(호 14:5)라고 표현했고, 이사야는 "사막이 백합화같이 즐거워할 것이다"(사 35:1)라고 예언했습니다. 성전의 두 기둥 야긴과 보아스 꼭대기에는 백합화 모양이 새겨져 있었습니다(왕상 7:19, 22). 예수님도 백합화를 비유로 말씀하셨습니다. 백합화는 솔로몬의 모든 영광으로도 입은 것이 이 백합화 하나만큼 훌륭하지 못하다고 했습니다(눅 12:27). 그런데 성경 어디에도 백합화가 예수님이라고 비유한 곳이 없는데 백합화를 예수님 부활의 상징으로 여겨왔습니다. 이것은 초대교회 때 백합화에 대한 편애에서 나온 결과인 것 같습니다. 그 후로 백합화는 예수님으로 비유되었습니다. 우리 찬송가에도 "주는 저 산 밑에 백합 빛나는 새벽별"이라고 노래하고 있고 복음성가 중에도 "가시밭에 백합화 예수 향기 날리니"라고 노래합니다.

나 나름대로 백합화를 새롭게 보려고 합니다. 백합화는 다년초입니다. 백합화(百合花)는 흰 꽃이 아니라 약 백 개의 비늘과 같은 뿌리, 즉 인편(鱗片)이 합쳐져서 이루어진 꽃입니다. 백합의 인편을 하나씩 떼

어내서 다시 땅에 묻으면 그곳에서 새로운 백합이 생겨납니다. 그러니 백합 뿌리의 약 100개의 인편은 백 개의 백합이라고 볼 수 있습니다. 꽃이 필 때는 꽃대가 올라오면서 한 백합화만 피게 됩니다. 이것이 예수님의 부활을 상징하는 좋은 비유가 됩니다. 예수님의 부활의 모습이 백합화로 피어나듯이, 땅속에 100여 개의 백합 뿌리 인편들은 아직 부활을 경험하지 않은 땅속에 있는 성도들로서 예수님의 재림 때에 예수님처럼 백합화의 모습으로 부활하게 될 것입니다. 백합화는 예수님의 재림 때 성도들의 부활을 상징하는 꽃으로 손색이 없습니다.

나는 상상하며 꿈을 꿉니다. 우리 마을은 해를 거듭할수록, 부활절을 맞이하면 할수록 백합화가 점점 더 만발하게 될 것입니다. 부활의 백합화는 죽지 않고 다음 해에 또 부활할 것입니다. 도심리 마을 주민들이 하나씩 백합화로 피어날 것입니다. 마침내 우리 마을은 예수 향기 가득한 예수 마을이 될 것입니다. 아멘.

아름다운 순간

    늦은 봄, 단풍나무과에 속하는 복자기나무를 교회로 올라가는 언덕 길에 심었습니다. 복자기의 가을 단풍은 엄마의 얼굴처럼 깊고 은은한 아름다움이 있습니다. 잔뜩 기대하면서 심었는데 잎이 누렇게 마르면서 죽어갔습니다. 나무를 산 농원에 문의했더니 새나무로 바꿔주겠다고 해서 가져다가 새롭게 심었습니다. 잎은 떨어지고 마른 가지만 남아 있는 전에 심었던 복자기나무를 캐서 멀리 던져 버릴까 하다가 언덕 밑에 심어놓았습니다. 이렇게 한 이유는 농장주인의 말 때문이었습니다.

    "잎이 다시 나올 수 있습니다."

    바람이 몹시 불고 한차례 소나기가 지나갔습니다. 아침에 교회 주변을 둘러보다가 놀라운 광경을 목격했습니다. 죽은 줄만 알았던 복자기나무에 새로운 싹이 나오고 있었습니다. 눈은 둥그레지고 입에서는 탄성이 터져 나왔습니다. 포기하고 버리다시피 했던 복자기나무는 새로운 옷을 입고 있었습니다. 그 옷은 찬란한 빛을 발하면서 완전히 다른 차원의 모습으로 복자기나무를 변화시켰습니다.

우리 마을에 부군수로 지내다가 귀촌하신 한성재 님이 계십니다. 대화를 나누다가 꽃 이야기가 나왔습니다. 우리 마을을 꽃동네로 만들고 싶은 나의 꿈을 나눴습니다. 우리 마을에는 애향가가 있는데 바로 고향의 봄입니다. 마을에 맞게 가사를 좀 바꿨습니다.

내가 사는 도심리는 꽃피는 산골
복숭아꽃 살구꽃 아기 진달래
서로 돕고 인정 많은
아름다운 마을 도심리에 사는 것이 행복합니다

올해 마을단오축제 때도 주민들과 함께 불렀습니다. 대화 중에 금화규에 대한 이야기가 나왔습니다. 금화규는 접시꽃 혹은 무궁화처럼 생겼고 한꺼번에 피는 것이 아니라 하나씩 차례로 계속 핍니다. 한성재 님이 금화규 꽃씨를 가지고 있다고 해서 모종을 부탁했습니다. 올해는 금화규 모종을 마을 주민들에게 나눠주기로 했습니다. 금화규의 새싹이 올라 오자 주민들에게 모종을 나눠줬습니다. 마을 공원에도 심

들풀 위에 깃든 믿음

고, 교회 뜰에도 심고, 집마다 심었습니다. 요즘 우리 마을 구석구석에는 아름다운 백합화를 볼 수 있습니다. 우리 교회가 매년 부활절에 선물로 백합화 뿌리를 나눠준 결과입니다. 마당에도, 뜰에도, 길가에도 아담하고 겸손하게 피어 있는 백합화가 아름답습니다. 이제 곧 금화규가 피어날 것입니다. 금화규에 특별한 마음이 간 이유가 있습니다. 금화규의 꽃말 때문입니다. 금화규의 꽃말은 '아름다운 순간'입니다. 작은 씨앗에서 예쁜 꽃으로 변화된 모습이 아름다운 순간입니다.

신약성경에 한 장으로 된 빌레몬서에 오네시모라는 종이 나옵니다. 오네시모 이름의 뜻은 '유익한'입니다. 오네시모는 그의 이름값도 못하고 주인인 빌레몬의 집에서 돈을 훔쳐서 멀리멀리 달아났습니다. 그가 달아난 곳은 로마였습니다. 로마에서 감옥에 있는 사도 바울을 만나게 되고 예수를 믿게 됩니다. 바울에 의해서 그는 무익했던 자가 유익한 자가 됩니다(몬 1:11, Formerly he was useless to you, but now he has become useful both to you and to me. NIV). 사도 바울도 전에는 하나님에 대해서 무익했던 자였습니다(딤전 1:13). 무익했던 바울이 예수 그리스도를 만나고 유익한 자로 변했습니다. 바울은 거기에 머물지 않고 오네시모를 변화시킨 것처럼 무익한 자를 유익한 자로 변화시키는 사명을 감당했습니다. 유익한 자로 변화된 오네시모의 일생도 놀랍습니다. 이름으로만 유익하던 자가 이제는 바울에 의해 예수 그리스도 안에서 진짜 유익한 자로 변했습니다.

사도 요한의 제자로 알려진 이그나티우스의 편지에 오네시모가 등장합니다. 이그나티우스는 복음을 증거했다는 이유로 로마로 압송되어 맹수 형(刑)에 처해져 순교를 당하게 됩니다. 그가 로마로 압송될 때 에베소 교회에 편지를 보냈습니다. 그 편지에 오네시모라는 이름이 나옵니다.

"오네시모는 더없는 사랑에 따라 우리에게 속하고 육체에 따라서는 여러분의 목회자입니다. 여러분은 훌륭한 목회자를 모실 자격이 있는데 이처럼 훌륭한 목회자를 여러분에게 보내준 하나님을 찬미합니다."

이 편지를 통해서 알 수 있는 것은 오네시모가 주님을 믿고 하나님의 자녀가 된 후에 주님의 종으로 살았다는 것입니다. 무익했던 자가 유익한 자가 되어 무익한 자들을 유익한 자들로 변화시키는 주님의 일을 감당했습니다. 베드로는 평범한 어부였습니다. 주님은 그를 고기 잡는 어부에서 사람 낚는 어부로, 사도 바울도, 빌레몬도, 오네시모도, 부족한 나도 무익했던 자를 유익한 자로 변화시켜 주셨습니다. 얼마나 놀라운 변화와 삶입니까?

금화규의 꽃말인 아름다운 순간이 언제일까요? 아름다운 순간은 변화할 때입니다. 죽음에서 생명으로 변화할 때입니다. 바로 예수 그리스도의 모습으로 변화할 때입니다. 그리스도의 장성한 분량으로 변화하는 모습이 아름다운 순간입니다. 한 걸음 더 나아가 더 아름다운 순

들풀 위에 깃든 믿음

간은 변화된 자가 변화시키는 자가 될 때입니다. 주님께 이렇게 기도하고 싶습니다.

"주님, 성령의 능력과 지혜를 저에게 충만하게 부어주셔서 무익한 자를 유익한 자로 변화시키는 자가 되게 하소서! 아멘."

천둥, 번개, 태양, 바람, 소나기, 뻐꾸기,
하나님의 교향악이 천지에 충만한
7월을 선물로 주셔서 감사합니다.
풀과 나무들이 숨 쉴 때마다 세상이 맑아지는 것처럼
나의 삶을 통해 세상이 조금씩 맑아지게 하소서.

십자가의 죽음으로
하나님의 사랑을 완성하신 예수님,
예수님처럼, 나의 유익이 아닌
다른 사람의 유익을 구하게 하소서.

생명의 근원이신 성령님,
옥수수가 영그는 것처럼
7월에는 성령의 열매로 충만하게 하소서.
선교사님들에게 성령의 지혜와 능력을 주소서.

조금
손해 보기로 하는 달

바보 들고양이

　회색 털을 가진 들고양이가 쥐덫에 걸렸습니다. 아래 밭 한 모퉁이에는 울타리가 넓은 닭장이 있습니다. 닭들은 낮에 돌아다니며 먹이를 찾다가 저녁에는 닭장으로 들어가 잠을 잡니다. 이 닭장에 들쥐들이 드나들면서 병아리를 잡아먹고, 닭 사료를 먹고, 달걀도 훔쳐 먹곤 했습니다. 그래서 닭장 주변에 쥐덫을 설치했습니다. 미끼로 마른 멸치를 사용했습니다. 쥐의 행동을 보면 매우 영리한 것처럼 보이지만, 똑같은 장소에 놓은 덫에 계속 걸려들었습니다. 쥐 세 마리를 잡고 나자 왕래가 없어졌고 한동안 덫에 걸려들지 않았습니다. 그러던 어느 날 쥐덫을 살피다가 들고양이가 걸려있는 것을 보았습니다. 들고양이는 내가 다가가자 잔뜩 겁을 먹은 표정으로 눈을 동그랗게 뜨고 애처롭게 나를 쳐다봤습니다. 들고양이의 왼발은 덫에서 빠져나가려고 애쓴 흔적 때문인지 피로 빨갛게 물들어 있었습니다. 덫에서 꺼내주려고 다가

　　　　　　　　　　🌸﹍⁂﹍🌸﹍⁂　들풀 위에 깃든 믿음

가면 갈수록 고양이는 하악질하면서 도망가려고 이리저리 날뛰었습니다. 그럴수록 자신에게 더 큰 고통이라는 것을 모르는 듯했습니다. '바보야, 가만있어, 그래야 내가 너를 구해줄 수 있지!'라고 속으로 소리쳤지만 당장 할 수 있는 일이 없어서 막막했습니다. 참다못해 작은 몽둥이를 가지고 와서 머리를 몇 번 때렸더니 기절했습니다. 그 후에야 억센 덫에서 고양이의 발을 꺼내줄 수 있었습니다. 덫에서 발을 꺼내주자 조금 전만 해도 기절해 있던 고양이가 눈을 번쩍 뜨더니 숲속으로 쏜살같이 도망갔습니다. 몽둥이에 맞아서 죽지나 않았을까 염려했는데 살아 있는 모습을 보니 안도의 한숨이 나왔습니다. 덫에 걸린 발이 심하게 상처를 입었기 때문에 근심하고 있었는데, 다음날 아내가 집 근처에서 그 들고양이를 보았다고 했습니다. 그 후에도 집 근처에 가끔 나타나는 것을 발견한 딸, 조이와 샤론이가 들고양이를 위해 사료를 밖에 두었더니 먹고 가곤 했습니다.

어느 날 사료를 먹고 있는 고양이를 발견하고 가까이 가자 도망가다가 수풀에 걸려 붙잡혔습니다. 알고 보니 덫에 걸렸던 다리가 상처로 썩어서 뼈가 드러나고 힘줄에 겨우 붙어있다가 그것이 수풀에 걸리면서 붙잡히게 되었습니다. 그동안 먹지 못해서인지 몸이 바짝 말랐고 힘도 없어 보였습니다. 측은한 마음으로 그동안 얼마나 고통스러웠을까를 상상해 보았습니다. 동물병원으로 긴급 후송해서 다리 절단 수술을 받고 나서야 건강을 되찾았습니다. 조이와 샤론이가 용사란 뜻의 '마일로'라는 이름을 붙여주었습니다. 마일로는 곧 자신의 놀이터가 있는 산과 들로 돌아갈 겁니다.

먹을 것을 찾아다니다가 수풀 속에 있는 마른 멸치를 발견했을 때, 들고양이 마일로는 얼마나 기뻐했을까요? 그는 덫이 설치되어 있는 줄도 모르고 기쁨의 탄성으로 멸치에게 달려들었을 것입니다. 내가 쥐를 잡을 때 사용하는 미끼는 마른 멸치입니다. 멸치를 쥐덫에 고정하고 쥐가 다닐만한 길목에 설치하고 주변을 어두침침하게 만듭니다. 쥐들은 자신의 몸을 누구에게 보이지 않으려고 최선을 다해 다니다가 쥐덫에 있는 멸치를 발견하면 매우 기뻐했을 것입니다. 들쥐의 입장에서 보면, 뜻밖의 좋은 일을 만난 것입니다. 그러나 그것이 자신을 죽이는 치명적인 것이 된다는 사실을 전혀 인식하지 못합니다. 멸치를 먹으려고 덫에 올라가는 순간 순식간에 덫에 걸리게 됩니다. 몸통이 덫에 걸리면 얼마 지나지 않아 죽게 되고 다리 혹은 꼬리에 걸리면 빠져나가려고 몸부림치면서 피를 흘리며 고통하게 됩니다. 살아보려고 몸부림을 치면 칠수록 자기 몸에 깊은 상처를 입히면서 고통을 더하게 됩니다.

덫에 걸리면 자기 스스로는 절대 빠져나올 수 없습니다. 누군가의 도움이 절대 필요합니다. 덫은 은밀하게 숨겨져 있습니다. 덫은 보기에는 단순하고 허술한 것 같지만 매우 조직적입니다. 덫에는 스프링에 의한 엄청난 힘과 공포가 숨겨져 있습니다. 스프링의 긴장이 풀리면 사망이 지옥처럼 덮쳐버립니다. 쥐들은 동료가 걸려서 죽었음에도 같은 장소에 덫을 놓아도 또 걸려듭니다. 덫에는 뜻밖의 좋은 것이 놓여 있습니다. 그것도 자기가 가장 좋아하는 것이 자신을 기다리고 있는

들풀 위에 깃든 믿음

것과 같습니다. 사람들은 이것을 행운이라고 표현합니다. 뜻밖에 좋은 것, 그것도 너무 좋은 것, 나에게 가장 좋은 것, 이런 것은 사탄이 설치해 놓은 덫일 가능성이 큽니다. 매우 조심해야 합니다.

덫에 걸린 들고양이처럼 죄악에 빠진 우리 인간들은 자신들이 죄의 덫에 걸려 고통하는 자신을 모를 수 있습니다. 들고양이가 몽둥이에 맞고 기절한 후에야 꺼내질 수 있었던 것처럼 하나님은 죄의 덫에 빠진 우리를 구원하기 위해서 몽둥이를 들 때가 있습니다. 우리가 완전히 기절하거나 죽어야 하나님이 우리를 죄의 덫에서 꺼내줄 수 있기 때문입니다. 역설적이지만 치명적인 환란과 고통 속에는 하나님의 진짜 큰 사랑이 숨어있습니다.

처녀 때 교회를 다니다가 신앙을 버리고 산전수전을 다 겪으며 살아오신 우리 교회 집사님이 계십니다. 집사님이 우리 마을에 들어오셔서 살면서도 숱한 고생을 했습니다. 서로 의지하며 살던 남편이 암으로 돌아가시고 얼마 있지 않아서 다른 남자를 만나서 동거하며 살았습니다. 교회 추수감사절 예배 때 마을 사람들 앞에서 결혼식을 올렸습니다. 모두 축하해 주었습니다. 그런데 이 남편도 얼마 지나지 않아 암으로 세상을 떠나고 말았습니다. 그러자 나에게 이런 말을 했습니다. "이제부터 저는 예수님만 의지하고 살겠습니다." 흔치 않은 고난을 겪으면서 집사님은 주님께 완전히 돌아오게 되었습니다. 전 남편의 자녀들도 있고 두 번째 남편, 세 번째 남편을 잃으면서 인생의 참 의미를 알게 되었는데 그것은 바로 세상은 의지할 것이 없고 오직 주님만이 의지할 대상이라는 사실이었습니다. 지금은 교회에서 가장 충성스러운 주님의 자녀로 살아가고 있습니다. 엄청난 고난이 우리 집사님에게는 하나님의 큰 은혜였습니다.

우리가 사랑하는 성경 구절 "내가 그리스도와 함께 십자가에 못 박혔나니"(갈 2:20, 1인칭 완료 수동태)는 헬라어 원어 성경에는 19절 끝에 나옵니다. 이것을 19절과 연결하여 직역하면 다음과 같습니다. "내가 하나님을 향하여 살도록 내가 그리스도와 함께 십자가에 못 박혀왔다." 하나님에 대하여 사는 유일한 길은 그리스도와 함께 십자가에서 죽는 일입니다. 예수 그리스도와 함께 죽는 것이 곧 사는 것입니다. 이 죽음조차 우리 스스로 할 수 없습니다. "나는 날마다 죽노라"(고전 15:31). 나의 죽음조차 하나님께 맡기는 순간 하나님의 구원은 바로 임하게 됩니다. 부족함으로 삶과 사역의 고통으로 신음하고 있는 나에게 하나님이 말씀하시는 것 같습니다.

"바보야, 가만히 있어, 그래야 내가 너를 구할 수 있어!"

겨자 풀 나무

　교회로 오르는 언덕길에 '영원한 행복'이라는 꽃말을 가진 노란 루드베키아가 무거운 꽃 머리를 지탱하지 못하고 겸손하게 길 쪽으로 허리를 숙이고 있습니다. 간밤에 온 비가 이들의 몸을 더욱 무겁게 만들었습니다. 온화하고 강렬한 노란 꽃길은 오직 주님만이 행복의 원천임을 노래하는 찬양대와 같습니다.

　자동차가 교회 마당으로 들어서자 가을이가 반겨주었습니다. 신 씨 할머니 댁에서 작년 가을에 왔다고 해서 '가을'이라는 이름을 붙여주었습니다. 가을이는 사람들을 좋아합니다. 먹을 것을 손에 들고 있으면 눈이라도 빼줄 것처럼 바라봅니다. 파란 하늘에 고구마, 감자 모양의 구름이 떠 있고 교회 축대 바위틈에 집을 지은 딱새 부부가 분주하게 들락날락합니다. 메밀꽃처럼 하얗게 무리지어 있는 망초꽃들, 관심을 받아보려고 온몸으로 요동치면서 달려드는 강아지들의 모습 속에서 염려와 근심은 없고 주어진 그들의 환경 속에서 자유를 누리고 있는 모습을 봅니다. 하나님의 자연은 자유입니다.

교회 사무실로 들어서려는데 핸드폰이 울렸습니다. 발신자의 이름을 보니 '이춘상 집사님 둘째 아들'이었습니다. 그 순간, 잠시 숨이 멎었습니다. 전화를 받자 침울한 음성이 들려왔습니다.

"목사님, 저희 아버님이 돌아가셨습니다."

이춘상 집사님이 요양원에 가신 지는 한 달 정도 되었습니다. 요양원에서 이춘상 집사님이 위독하다고 가족들을 불렀습니다. 면회를 다녀온 다음 날, 이춘상 집사님이 하나님의 부름을 받았다는 소식을 들었습니다.

이춘상 집사님은 도심리교회의 기초를 놓으신 분입니다. 집사님은 세월 따라, 구름 따라 살아가는 것에 만족하지 않고 더 나은 삶, 인간이 누려야 하는 참된 삶에 대한 열망을 가지고 계셨던 분이셨습니다. 이 열망은 안주머니에 고이 간직하고 있는 겨자씨와 같았습니다. 우리 마을은 원래 화전민촌이었습니다. 주로 산에 불을 놓아 콩 농사를 지으며 살았고 틈만 나면 몰려다니면서 술이나 먹고 서로 다투며 살아왔습니다. 그래서 이웃도 없고 친척도 없고 서로 자기 잘난 맛에 살아왔습니다. '이러면 안 된다. 이것은 사람 사는 것이 아니다'라고 생각하면서 깨어있는 마음을 가지고 살아오셨던 분이 바로 이춘상 집사님이

셨습니다. 그러다가 민들레 홀씨처럼 도심리 마을에 날아 들어온 나를 만났고 약 칠 년 동안을 지켜본 결과 '목사님이라면 우리 마을을 사람답게 사는 마을로 만들 수 있다'라고 보았습니다. 그래서 나에게 우리 마을에 교회가 있었으면 좋겠다고 제안했으며 교회를 중심으로 하면 우리 마을이 좋아질 거라고 확신했습니다. 이렇게 해서 시작된 것이 도심리교회입니다. 그 후에 집사님은 도심리교회의 첫 세례자가 되었고 믿음이 성장하면서 집사 직분을 성실하게 잘 감당했습니다. 예배 때 대표 기도까지 하셨는데 초신자라고 보기 어려울 정도로 기도를 잘하셨습니다. 다음은 대표 기도의 일부입니다.

"주님이 세워주신 우리 교회가 오지에 있어서 우리 성도들의 염원이 마을 중간에 교회가 있었으면 하여 대지를 구입하고자 합니다. 조속히 대지가 마련될 수 있도록 하나님 아버지께서 역사하여 주시옵기를 원하옵니다. 새로운 대지에 새 교회가 건축되는 것이 온 성도의 염원입니다. 우리 교회가 이웃에 소망의 빛이 되게 하시고 세계만방에 선교하는 교회 되게 하시옵소서. 또 이웃 주민과 함께 교회에 나와 예배하며 주님을 만나는 은혜로 새 힘을 공급받아 복된 교회 되도록 하나님이 역사하여 주시옵소서."

이 기도를 드릴 때는 우리 교회가 건축을 위한 대지도 마련하지 않았던 때였습니다. 집사님 기도의 내용은 마을 중간에 교회 건축 부지

구입, 교회 건축, 세계 만방에 선교하는 교회, 이웃 주민과 함께 예배 드리는 교회였습니다. 놀랍게도 집사님의 기도가 지금은 모두 이루어지고 있습니다.

입관 예배를 드리면서 자녀들에게 집사님의 믿음의 유산을 잘 이어받으라고 설교했습니다. "그 크신 하나님의 사랑"이라는 찬양을 부르면서 자녀들에게 한 사람씩 집사님의 얼굴을 보면서 마음에 담아두었던 말을 마지막으로 고백하라고 했습니다. 찬양이 집사님의 누워있는 온몸을 휘감고 있었습니다. 자녀들의 인사가 마치자, 나는 다가가 집사님의 몸을 끌어안았습니다. 집사님과 함께했던 순간들을 생각하면서 한참을 하나님께 감사의 기도를 올려드렸습니다. 하염없는 눈물이 나의 마음을 적셨습니다. 안고 있는 집사님의 몸에 따뜻한 온기가 돌기 시작했습니다. 물기 촉촉한 봄 대지처럼 변하더니 연한 새싹들이 여기저기에서 돋아나기 시작했습니다. 하얀 나비 한 마리가 집사님의 몸 위를 날더니 이내 하늘로 날아갔습니다. 유난히 빠르게 자란 싹이 보였습니다. 땅에서 하늘로 닿을 정도로 자라고 있는 겨자 풀이었습니다. 곧 겨자 나무가 될 것입니다.

"집사님은 한 알의 겨자씨였다. 작고 작으면서 화려하지도 않고 어떤 유익도 없어 보이는 겨자씨, 그러나 이것이 나무로 자라나 새들의 낙원을 만들 것입니다."

✦⋯᠉✿⟪⟨✦⟩⟫᠉✿⋯ 들풀 위에 깃든 믿음

별, 옹달샘, 멍석딸기

　북쪽 하늘, 국자 모양의 북두칠성이 앞산 잣나무에 걸렸습니다. 국자 안에 담겨 있는 하늘 물이 곧 흘러내릴 것만 같습니다. 아주 어렸을 때 시골 마당에서 쑥으로 모깃불을 피우고 모기를 쫓다가 하늘을 올려다보며 가장 쉽게 찾았던, 발견할 수 있었던 별이 북두칠성이었습니다. 어린 시절을 지나 반백의 머리로 육십을 갓 넘겼는데 북두칠성은 그때나 지금이나 늙지 않은 모습 그대로입니다. 순수한 어린 시절 북두칠성을 보면서 막연한 동경을 가지고 불변할 것이라는 생각으로 꿈을 품었습니다.

　'나는 북두칠성처럼 착하게 살아야지.'

　맑은 날에는 손으로 별을 잡을 수 있을 것만 같지만, 요즘 같은 장마철에 밤하늘의 별을 보는 것은 쉽지 않습니다. 별이 보였다가도 흐르는 구름에 가려져 쉽게 사라집니다. 눈으로 별을 쉽게 볼 수 있지만 나와 별 사이에는 억겁의 어둠이 있습니다. 이것을 헤치고 또 헤치고 나가야 별을 볼 수 있는데 이것이 얼마나 놀라운 신비인지요.

오늘도 집 앞에 흐르는 작은 개울은 바위와 부딪치면서 시원한 매미 소리와 함께 화음을 만들어 냅니다. 개울의 근원을 찾기 위해 위로 올라가 보았습니다. 가다가 두 갈래로 갈라지면 좀 더 큰 쪽을 선택하여 올라갔습니다. 물은 큰 돌 속으로 자취를 감추었다가 다시 나타나곤 합니다. 다래 넝쿨이 앞을 가리기도 하고, 거미줄이 얼굴을 덮기도 하고 머리에 들러붙기도 합니다. 거의 산 정상 기슭에 이르면 개울은 보이지 않고 축축한 물만 있습니다. 손으로 그곳을 헤쳐보면 갇혀있던 물이 솟아납니다. 손으로 땅을 파고 돌로 웅덩이의 형태를 잡아주면 금방 웅달샘이 됩니다. 이것은 개울의 근원, 한강의 근원, 인천 앞바다의 근원입니다. 끊임없이 맑은 물을 쏟아내고 있는 깊고 깊은 산 웅달샘을 보면 신비롭습니다.

칠월 중하순이면 산과 들에서 멍석딸기를 볼 수 있습니다. 멍석딸기는 자줏빛 나는 털처럼 생긴 많은 가시를 가지고 있습니다. 멍석딸기는 하나씩 달리기보다는 송이로 달립니다. 멍석딸기를 따기 위해서는 수풀을 헤치고 또 헤치고 나가야 합니다. 호기심 어린 눈동자로 지켜보고 있는 뱀도 가끔 만날 수 있습니다. 칡넝쿨에 걸리기도 하고 잔가지들을 제거하면서 가다 보면 수풀 속에서 방긋 웃으며 반기고 있는

들풀 위에 깃든 믿음

멍석딸기를 발견할 수 있습니다. 복스럽게 생긴 멍석딸기를 한 손 가득 따서 입에 넣으면 새콤달콤한 맛이 주는 기쁨은 온 세상을 얻은 것과 같습니다.

지금의 도심리교회가 되기까지 수많은 어둠과 수풀들이 있었습니다. 하나하나 헤쳐나왔습니다. 한 사람 한 사람이 어둠 속에 있는 별이었고 산속에 있는 옹달샘이었고 수풀 속에 있는 멍석딸기였습니다. 목사인 내가 마을에 들어오는 것을 가장 앞장서서 반대했던 주민이 있었습니다. 수년을 지켜보다 나에게 우리 마을에 교회 개척을 제안했습니다. 그 주민은 도심리교회 첫 성도, 첫 세례자가 되었습니다. 복음 전도 금지를 강력하게 요구했던 당시 반장님이 계셨습니다. 부인이 지병으로 고통하고 있었습니다. 병원에 다니면서 치료하고 무당을 불러 굿을 하기도 했지만, 몸은 점점 허약해졌습니다. 병문안 다니면서 기도해 드리자 귀신은 떠나갔고 하나님이 귀신보다 더 세다고 믿고 교회에 나왔습니다. 폐암이 갑자기 말기로 진행되면서 남편을 잃게 된 주민이 있었습니다. 병상을 자주 찾아가 기도하고 위로했습니다. 하나님이 꿈에 그분에게 나타나서 계시처럼 말씀해 주셔서 교회에 나오게 되었습니다. 지금은 누구보다도 예수 그리스도 안에서 믿음이 잘 자라고 있습니다. 하나님이 고난을 통해 그들을 부르셨습니다. 이것이 하나님의 큰 은혜였습니다. 하나님은 어둠을 헤치고 별을, 돌 많은 개울을 따라 옹달샘을, 수풀을 헤치고 헤쳐 멍석딸기를 찾아내셨습니다.

교회 성도들이 주일예배를 마치고 가평에 있는 필그림하우스를 방문했습니다. 거기에 천로역정 프로그램이 있는데 우리 교회 집사님이 천로역정 코스를 안내하는 안내자로 섬기고 계셨습니다. 집사님의 안내를 받아 하늘로 가는 믿음의 길을 따라갔습니다. 코스마다 성도들이 부딪힐 수 있는 믿음의 여정을 그대로 보여주었습니다. 모두 기쁨으로 알아가는 시간이었습니다. 성도마다 자신들이 감동하는 코스가 달랐습니다. 분명한 것은 천국에 이르는 길이 순탄한 것이 아니라 수많은 난관, 고난, 시험을 통과하면서 가야 한다는 것입니다. 그런 과정에 옆에서 도와주는 천사와 믿음의 형제자매들이 있습니다.

우리는 천국을 찾아 나선 성도들입니다. 이런 과정을 겪고 이겨나가면 마침내 주님 앞에 서게 될 것입니다. 그리고 주님이 우리의 천로역정에 항상 함께하고 계셨음을 알게 될 것입니다. 어둠의 어둠을 뚫고 발견하는 별이 신비하고 수풀을 헤치고 헤쳐서 발견한 옹달샘과 산딸기가 기쁨을 자아내게 하듯이 이제 우리에게 남아 있는 하나님의 나라는 비교할 수 없는 큰 기쁨의 선물입니다.

그 크신 하나님의 사랑 말로다 형용 못하네
저 높고 높은 별을 넘어 이 낮고 낮은 땅 위에
죄 범한 영혼 구하려 그 아들을 보내사
화목제물 삼으시고 죄 용서하셨네

✦›››✿‹‹‹✦›››✿‹‹‹ 들풀 위에 깃든 믿음

꾸준한 사랑을 베푸시는 하나님,
뜨거운 계절의 열기를 통해
하나님의 강렬한 사랑을
느낄 수 있게 하심을 감사합니다.

하늘의 하얀 구름을 보며
재림하실 주님을 간절히 기다립니다.
우리의 순수한 작은 헌신이
생명을 구원하는 하나님의 통로임을 깨달아
인내하는 믿음을 주소서.

매미의 찬양 소리가
하늘에까지 이르고 있는 것처럼
우리의 기도가 하늘에 이르게 하소서.

우리의 힘이 아닌 성령의 힘으로
하나님과 이웃을 사랑하게 하옵소서.

팔월

더디지만
꾸준히 걸어가는 달

대면

샛골에 사는 진 씨 아저씨 댁을 방문했습니다.

"목사님, 바쁘실 텐데 뭐 나 같은 사람한테도 신경을 쓰셔서 오셨어요."

마을 반장을 십 년 동안 보다가 작년에 내려놓았습니다. 이유 중의 하나는 그동안 함께 행복한 마을 만들기 추진위원으로 활동하던 주민들에게도 적극적으로 마을 일을 할 수 있는 기회를 주기 위해서였습니다. 작년 마을 대동회에서 반장을 선출할 때 나의 마음을 말했습니다.

"이제는 다른 분이 반장을 맡아서 우리 마을을 이끌었으면 좋겠습니다."

❀⫸❀⫷❀⫸❀⫷❀ 들풀 위에 깃든 믿음

그러자 신 씨 할머니가 말했습니다.

"지금 반장님만큼 일 잘 보는 사람 없습니다. 그냥 반장님이 하세요."

몇몇 사람들이 맞다는 듯 고개를 끄덕거렸습니다. 그때 진 씨 아저씨가 목소리를 높여 강하게 말했습니다.

"홍 반장님은 인제 그만하세요. 다른 사람도 해봐야 합니다."

그 말을 들을 당시에는 마음이 좀 서운했습니다. 그래도 내색하지 않고 그냥 넘어갔습니다.

"누가 반장이 되더라도 제가 옆에서 잘 도와드릴 테니 염려 마세요."

행복한 마을 만들기 추진위원회에서 오랫동안 함께 일했고 우리 마을에서 노인복지요양원을 운영하시는 차 목사님이 새로운 반장으로 선출되었습니다. 차 목사님은 나와 오랫동안 함께 마음을 합하여 마을 일을 해왔기에 앞으로 좋은 협력을 할 수 있을 거라는 생각에 좋았습니다.

진 씨 아저씨와 대면하여 대화를 나누는 중에 아저씨가 당한 안타까운 일을 상세히 알게 되었습니다. 아저씨는 그동안 살던 집터가 대출금을 갚지 못해 경매에 넘어가게 되었고 할 수 없이 우리 마을 위쪽에 있는 샛골로 삶의 거처를 옮기게 되었습니다. 도와줄 일이 없을까 살펴보기 위해 방문했습니다. 새로 자리를 옮긴 곳은 물도 없고 전기도 없었는데 최근에 어렵게 설치했으며 집도 비닐하우스 안에 임시로 마련했는데 겨울을 걱정했습니다. 진 씨 아저씨는 원래 강원도 영월에 살다가 우리 마을로 이사를 왔는데 그곳에서 있었던 일을 들려주었습니다.

"목사님, 제가 영월 살 때, 그곳에 참 희한한 목사님을 보았습니다. 목사님이 말 타고 다녔어요. 말을 타고 다니면서 전도하고 집마다 다니면서 일을 도와주었습니다. 목사님이 목회를 잘하셔서 교회에 신도들도 꽤 많이 모였습니다."

나도 평소에 마을을 다닐 때는 말 타고 다니는 것을 생각했었는데 실제로 말을 타고 다니는 목사님이 계신다는 이야기를 듣고 두 귀가 솔깃했습니다.

"목사님, 제가 작년에 목사님 보고 반장일을 보지 말라고 말했던 거 기억하세요? 제가 목사님께 반장일 보지 말라고 한 것은 다름 아니라 목사님을 위해서입니다. 제가 도심리 마을에 와서 목사님을 보니 영월에 있는 목사님이 생각이 났습니다. 그래서 속으로 생각했습니다. '이 양반 대단하네. 앞으로 뭔 일 할 것 같은데.' 그런데 목사님이 집마다 다니면서 살피고 도와주고 하는 것이 너무 안쓰러워서 반장일 그만 보게 하려고 그랬습니다. 제가 목사님이 미워서 한 것이 아닙니다. 이제 반장일 안 보니 마음만이라도 편하시죠?"

말할 때마다 드러나는 듬성듬성한 치아와 머리카락이 많이 빠져서 휑하게 된 머리가 움찔움찔하는 모습이 만화에 나오는 귀여운 캐릭터처럼 보였습니다. 아저씨를 대면하고 대화를 나누고 난 후에야 아저씨의 마음을 알게 되었습니다. 아저씨의 처남도 목사님이고 자신은 하나님의 존재에 대해서 부인하지 않지만, 처남 교회가 바로 옆에 있었는데도 다니지 않았다고 했습니다. 아저씨와 인사를 나누고 집을 나오면서 아저씨의 귀에 넌지시 말을 넣어드렸습니다.

"아저씨, 그동안 하나님이 좀 섭섭하셨겠네요. 지금 하나님이 아저씨에게 '너, 지금 나와 독대 좀 하자'라고 말씀하시네요. 이번 기회에 하나님과 독대해 보세요."

수그러들지 않는 코로나, 폭우, 대형 산불, 우박, 지진, 전쟁, 성경에 나와 있는 모든 재앙이 나타나고 있는 요즘입니다. 이런 때 하나님에게서 들은 큰 음성은 바로 대면(對面)이었습니다. 혼돈과 좌절, 위기와 공포의 시대에 하나님이 인생들을 향한 메시지는 대면이었습니다. 바로 지금이 하나님과 대면할 때입니다. 모세는 하나님과 대면(對面)했던 사람입니다.

> "그와는 내가 대면하여 명백히 말하고"(민 12:8).

대면은 말 그대로 얼굴을 마주보고 대한다는 뜻입니다. 그런데 히브리어로는 얼굴(פנים)이 아니라 입(פה)으로 되어있습니다(대면: mouth to mouth; KJV, NASB). 하나님은 모세와 얼굴과 얼굴을 마주 대한 것이 아니라 입과 입을 마주 대했다는 표현입니다. 이것은 단순히 "얼굴 좀 보자"라는 만남에 초점을 둔 것이 아니라 대화에 초점을 둔 것임을 알 수 있습니다. 정상적인 삶이 멈춰 버린 나날들, 위기 속에서 휘몰아치는 상황과 감정들을 어떻게 헤쳐 나갈 것인가 고민하는 나를 향하여 하나님은 지금 독대해서 대화하자고 하십니다.

대면에는 놀랍고 신비한 힘이 있습니다. 서로 대화를 나누지 않아도 보이지 않는 교감을 통해 서로의 마음을 알 수 있습니다. 대면에는 큰 기술이 필요 없습니다. 그저 얼굴만 보여주면 됩니다. 수많은 소문이 있지만 대면하면 모든 것의 진실을 알게 됩니다. 하나님과 대면하는 가장 좋은 방법은 기도입니다. 성경 묵상을 통해 하나님을 대면하

❀❀❀❀❀ 들풀 위에 깃든 믿음

고 있습니다. 성경을 읽다가 하나님이 나에게 주시는 말씀을 통해 하나님께 기도합니다. 말씀으로 하나님과 대면이 이루어지고 대화로 발전하면서 새로운 영적 힘을 얻습니다. 이 순간 하나님의 음성을 듣습니다.

"골방에서 나와 독대하자."

집요한 사랑

찬란한 여름, 하루의 끝자락에서 시작되는 저녁기도 시간을 사랑합니다. 다음은 사막 교부가 한 말입니다.

"그대의 수실(修室)에 머물라. 그리하면 그대의 수실이 그대에게 모든 것을 가르쳐 줄 것이다."

사막 교부들의 수실은 개인 기도실과 같은 곳입니다. 매일 저녁 풀벌레들의 찬양 소리를 들으며 고요하고 아늑한 수실과 같은 기도의 집에 들어가서 앉습니다. 주님의 이름을 부르고 기도하기 시작하면 부드러운 주님의 음성과 하나님의 순수한 사랑을 느낄 수 있어서 좋습니다. 기도의 집은 예수님이 예루살렘 성전을 가리켜 한 말입니다(마 21:13). 엄숙하고 거룩함의 상징인 성전을 일상적 삶이 이루어지는 집으로 표현한 것이 매우 흥미롭습니다. 이것은 기도가 어떤 특정한 시간과 장소에서 행해지는 것이 아닌 일상적 삶 속에서 이루어져야 함을 말씀하는 것입니다.

저녁 기도를 마치고 나오면 늘 맞아주는 벗들이 있는데 어둠 가운데 자신의 존재를 빛으로 드러내는 별들입니다. 밤하늘을 바라보며 보석처럼 빛나는 별들을 마음에 담습니다. 별들은 크든 작든, 멀리 있든 가까이에 있든 모두 순결하고 아름답습니다. 별들은 그의 빛을 오선지 위에 그리고, 시냇물은 은하수 옆을 흐르며 하나님의 영광을 노래합니다. 반딧불이는 영롱한 빛의 원을 그리며 춤을 춥니다. 손을 뻗어 잡아보려고 하지만 솜씨 좋게 빠져나갑니다. 반딧불이에게 어둠은 자유입니다. 손을 들어 지휘자의 폼으로 지휘하자 잣나무 찬양대가 바람과 함께 합창합니다.

주는 선하시며
인자하심이 영원하심이로다

오, 자연이여! 자연은 여호와의 인자하심으로 충만합니다(시 33:5). 그래서 자연은 그대로 하나님을 닮았습니다. 하나님은 자신의 이름을 스스로 있는 자라고 표현하셨습니다(출 3:14). 자연(自然)이라는 말도 스스로 존재하는 것을 의미합니다. 스스로 존재하는 하나님과 자연은 똑 닮았습니다. 자연 속에 충만한 하나님의 영광을 바라보는데 마음속으로 '툭'하고 들어온 생각이 있었습니다.

'하나님이 왜 나를 이렇게 집요하게 사랑하시는 걸까?'

교회에서 집으로 오는 차 안에서 아내가 갑자기 울기 시작했습니다. 놀라서 물었습니다. 여러 차례 물어보아도 뚜렷하게 대답하지 않았습니다. 저녁 식탁에서 또 울기 시작했습니다. 우는 이유에 관해서 묻자 어렵게 입을 열었습니다. 첫 마디가 "인생들이 불쌍해요"였습니다. 우는 이유가 참 고상하다고 생각하면서 자세히 말해 보라고 했습니다.

우리 마을에 사는 하 씨 할머니 때문에 생긴 일이었습니다. 아내가 요즘 할머니 댁을 자주 방문하면서 할머니의 형편과 그동안 살아온 삶을 알게 되면서 할머니의 삶이 너무 허무하고 불쌍하게 보여서 울었다는 것입니다. 이것은 분명 보통 마음이 아닙니다. 하 씨 할머니와 하나가 되지 않고는 느낄 수 없는 마음입니다. 이 하나 됨은 사랑에서 나온 것입니다.

기도의 집에 앉아서 하염없이 부족한 자신을 보는 것과 마을 어르신들을 보는 것도 고통스럽습니다.

"목사님, 저는 이제 40일 남았다고 의사가 말했는데 제 딸년들은 제가 모르는 줄 알고 있어요."

들풀 위에 깃든 믿음

그렇게 자신만만했던 박 씨 아저씨가 풀이 죽어 있습니다. 아저씨의 손을 꼭 붙잡고 기도해 드렸습니다.

"목사님, 제가 한 번은 꼭 교회 나가서 인사를 드리겠습니다. 그동안 신세를 진 것도 있고 미안한 마음도 있습니다."

몸을 자유롭게 움직일 수 없는 지경에 이른 박 씨 아저씨가 안타깝습니다. 평생 농사만 지으며 살아왔기에 몸 이곳저곳 아프지 않은 곳이 없어서 늘 약과 침으로 살아가는 마을 어르신들을 보며 마음의 고통이 떠나질 않습니다. 때로 이분들의 말투와 행동이 투박해서 거슬릴 때도 있지만 마음 깊은 곳에서는 그들이 사랑스럽고 성도처럼 보입니다. '왜 이럴까?'라는 질문을 묵상하다가 답을 찾았습니다. 그것은 나를 집요하게 사랑하시는 하나님의 마음과 같은 하나 됨의 마음이었습니다.
하나님과 나는 하나입니다. 그러기에 나의 고통은 곧 하나님의 고통입니다. 하나님과 예수님은 하나이었기에 예수님의 모든 고난은 하나님도 함께 감당하셨습니다. 하나님과 내가 하나일 뿐만 아니라 우주도 하나님과 하나입니다. 그러기에 하나님은 세상을(κόσμος, 코스모스, universe) 사랑하셨습니다(요 3:16). 이것은 하나님이 나를 집요하게 사랑하는 이유입니다. 하나님의 사랑은 의무가 아니라 자연의 본능과 같습니다. 나와 하나님은 하나이기에 나를 그토록 집요하게 사랑하시는 것처럼 이제 나도 하나님을 떠날 수가 없고 버릴 수도 없습니다. 오직 하나님을 향한 집요한 사랑만 있을 뿐입니다. 놀라워라! 내가 하나님과 하나라는 사실이, 그리고 그것이 만들어 낸 집요한 사랑이….

미소

파란 하늘입니다. 파란 하늘은 하나님의 얼굴이고 하나님의 미소입니다. 하늘의 미소가 가을의 미소로 온 누리에 가득합니다. 분홍 코스모스가 하늘을 날듯한 미소를 머금고 어깨를 한들한들하면서 나비에게 손짓합니다. 밤에 교회 불빛을 보고 왔다가 현관에 머물러 있던 사슴벌레는 다가가도 꼼짝하지 않았습니다. 손에 올려놓고 등을 쓰다듬어 주자 미소를 짓습니다. 멀리서 사발 오토바이를 타고 경로당으로 향하던 김 씨 아저씨에게 손을 흔들자 환한 미소를 지으며 손을 흔듭니다. 구절초가 수줍은 미소와 함께 고개를 내밀고 있습니다. 하나님의 은혜가 천지에 충만하니 온 세상은 평화롭고 하나님의 미소가 모든 피조물을 미소 짓게 합니다.

"목사님, 안녕하세요? 너무 고마워서 전화했어요." "무슨 일이죠?"

"지난주 서울 정릉교회에서 오셔서 큰일을 해주셨어요. 빨간 고추를 여덟 가마니를 땄어요. 얼마나 감사한지요. 그리고 지난 일요일에 교회 가려고 했는데 못 갔어요. 저도 이제 교회 다닐 생각이에요."

우리 마을에서 비닐하우스 농사를 제일 크게 짓고 있는 정희열 아주머니의 전화였습니다. 얼마 전 아저씨가 예초기로 밭둑에 있는 풀을 베다가 발을 헛디뎌 뒤로 넘어지면서 허리를 다쳐 꼼짝 못하고 누워 계십니다. 그때 정릉교회 성도님들이 오셔서 빨간 고추 따는 일을 도와드림으로 아주머니의 큰 근심을 덜어드렸습니다.

아주머니는 저와는 교회 나와서 믿음 생활하기로 여러 번 약속했지만, 번번이 아저씨의 반대에 부딪혔습니다. 아저씨는 농촌에서는 흔하지 않게 춘천고등학교와 강원대학교 법대를 나왔습니다. 나름 자존심이 매우 강합니다. 가끔 인생에 대해서 논하고 죽음 이후의 세계에 대해서도 논하곤 했습니다. 그러면 자신은 모두 알고 있다는 듯이 자기 생각을 끝없이 말했습니다. 아저씨는 풀을 베다가 넘어진 후로 밭에 나오거나 사람들을 만나지도 않고 두문불출했습니다.

방문하자 아저씨는 소파에 누워서 텔레비전을 보다가 간신히 몸을 일으켜 앉았습니다. 반갑게 나를 맞이하면서 탁자 위에 아무렇게 놓여 있는 과일과 과자를 먹으라고 연신 권했습니다. 아저씨로부터 사고 당시의 상황을 자세하게 들었습니다. 아저씨는 영화의 한 장면을 이야기하듯이 상기된 얼굴로 재미있게 말했습니다. 그런 아저씨의 말에 추임

새를 넣으면서 흥겹게 들었습니다.

"아저씨, 다치고 나니 인간이 얼마나 연약한 존재인지 아셨죠? 그리고 인간은 영원히 살지 못해요. 아저씨도 지나간 세월을 돌아보면 금방 지난 것을 실감하실 거예요. 아저씨에게 육신의 아버지가 있듯이 영혼도 아버지가 계셔요. 우리의 육신이 다하면 영원한 하나님의 나라가 있는데 그곳에서 우리의 영혼이 영원히 살게 됩니다. 하나님의 나라에는 죽음도 없고, 눈물도 없고, 질병도 없고, 슬픔도 없는 곳입니다. 그곳을 갈 수 있는 유일한 길이 있는데 바로 예수님이십니다. 예수님을 믿기만 하면 영원한 하나님의 나라에 들어갈 수 있습니다. 이것은 놀라운 선물입니다. 이 선물 때문에 정릉교회 성도님들이 오셔서 봉사했고요. 저도 우리 마을을 위해 봉사하고 있는 거예요."

전에 같았으면 나의 말을 중간에 끊고 '됐으니 그만해'라는 표정을 지었을 텐데 이번에 말하는 동안에 아저씨는 고개를 계속 끄덕끄덕하면서 진지하게 들었습니다. 하나님이 아저씨의 마음을 움직이고 계셨습니다.

"아저씨, 제가 아저씨의 병 낫기를 위해 기도해 드릴게요."

말하면서 손을 잡자, 아저씨는 거부하지 않고 오히려 고마워하는 눈짓이었습니다. 아저씨의 손을 꼭 잡고 예수님을 구주로 영접하고 예수 믿고 천국에 갈 수 있기를 위해 기도하고 아저씨의 아픈 허리가 치유되도록 간절히 기도했습니다. 기도를 마치자, 아저씨는 나보다 더 큰 목소리로 "아멘!"하고 화답했습니다. 하나님이 아저씨 입술의 고백을 받으신 줄 믿습니다. 하나님의 미소가 이제 정희열 아주머니와 아저씨의 입에도 미소로 내려올 것을 기대하면서 기도했습니다.

천지를 창조하시고 "보시기에 좋았더라"며 지으신 미소, 다윗을 보고 "내 마음에 합한 사람이다"며 지으신 미소, 예수님을 보시고 "이는 내 사랑하는 아들이요 내 기뻐하는 자라"며 지으신 미소, 달려갈 길과 주 예수께 받은 사명을 마친 바울과 우리에게 의의 면류관을 씌워주시면서 "잘하였도다 착하고 충성된 종아"라고 말씀하시면서 지으실 하나님의 미소가 온 천지에 충만하고 그 미소가 지금 마음 괴롭고 아파서 낙심할 때 내게 소망으로 가득 차게 하십니다.

들풀 위에 깃든 믿음

하늘이 점점 맑아지는
유리 거울 같은 9월을 주신 하나님,
하늘에 계신 하나님을 점점 더 뜨겁게
사랑하게 하소서.

기다림 속에서 아름다운 열매를 얻듯이
예수님의 십자가로 인내함을 배워
다른 사람을 사랑할 수 있게 하소서.

여름이 가을로 강물처럼 하나로 연결되듯이
하나님과 우리를 하나로 만드시는 성령님,
서로의 다름을 인정하고 사랑하므로
성령 안에서 하나가 되게 하소서.

산불, 홍수, 가뭄, 전쟁으로 고통받는
사람들을 긍휼히 여기소서.
우리 교회가 성령으로 깨어나게 하소서.

하늘 파란 9월,
영혼 구원의 기적을 베푸소서.

구월

하늘에
얼굴과 마음을 비추는 달

핑계

올가을, 교회 주변에 코스모스가 유난히 많이 피었습니다. 코스모스는 가을이 꼭 자기만을 위해 있는 것처럼 그의 신비한 빛을 발하고 있습니다. 분홍, 빨강, 하얀 코스모스들이 파란 하늘에 흩뿌려져 있는 모습은 작은 우주가 내려앉은 것 같습니다. 꿀벌들은 콧노래를 부르며 코스모스 사이를 날아다니면서 가을의 향취를 그들의 꿀단지에 마음껏 담고 있습니다.

홍천군 목사님들이 삼삼오오 교회로 들어섰습니다. 오늘은 홍천군 기독교연합회 기도회가 있는 날입니다. 화창한 가을날이지만, 목사님들의 얼굴에는 어두운 그늘로 가득했습니다. 그도 그럴 것이 시절이 그렇게 만들었습니다. 코로나로 세계는 아우성치고, 정부는 유독 교회를 규제의 대상으로 삼고 억압하는 듯한 분위기 때문에 교회 모임이 제약을 받으면서 목사님들의 근심도 이만저만이 아닙니다. 마스크를 쓰

★-›))☀(((-★-›))☀(((-〜 들풀 위에 깃든 믿음

고 멀찍이 떨어져 앉아서 기도회를 시작했습니다. 설교할 차례가 되어 설교단으로 올라갔습니다. 설교 제목은 "핑계하지 말지니라"(롬 1:20)였습니다. 설교를 준비하면서 하나님으로부터 말씀을 받기를 기도했는데 하나님이 나에게 주신 말씀이었습니다. 세상의 소리, 방송을 통한 소리, 사람들의 소리, 한국 교회의 소리, 모두 암울 그 자체입니다.

최근에 이렇게 점점 위축되고 뒷걸음질 치는 나에게 하나님은 비 내리는 밤하늘에 번개가 치듯 말씀을 주셨는데 "핑계하지 말라"였습니다. 그래서 핑계라는 손 방패를 던져버리고 골리앗 앞에 선 다윗처럼 나섰습니다. 눈에 힘을 주고 실시한 첫 번째 사업이 '북카페'입니다. 북카페의 이름을 '들풀들의 하모니, 우리 마을 북카페'로 했습니다. 교회 들어오는 입구에 간판도 예쁘게 달았습니다. 북카페를 연 가장 큰 이유는 마을 주민들에게 언제든지 교회에 와서 다과와 함께 쉬고 책도 보는 공간을 제공하기 위한 것입니다. 정기적인 독서 모임을 통해 주민들과 대화를 나누는 시간도 마련했습니다. 예수님과 사마리아 여인이 만났던 야곱의 우물과 같은 역할을 기대하고 있습니다.

두 번째 사업은 '아나바다 운동'입니다. 아껴 쓰고, 나눠 쓰고, 바꿔 쓰고, 다시 쓰고의 앞 글자를 모아서 만든 운동입니다. 지금도 교회와 지방자치단체에서 아나바다 행사를 하고 있습니다. 대부분은 분기별로 하거나 시골 장터와 같이 물건을 펼쳐놓고 서로 매매합니다. 그러나 우리 교회에서 시행하고 있는 아나바다 운동은 사랑 나눔, 인정 나눔, 물자 절약, 자연보호라는 꿈을 가지고 시작했습니다. 상설이면서 무인으로 운영하고 있으며 자발적인 참여를 격려하고 있습니다. 최근에 들어온 물품을 보면, 운동복, 여행용 가방, 불판, 플라스틱 용기, 꽃병, 채칼, 위생용 장갑, 음악 CD, 핸드백 등입니다. 홍보를 위해 마을 주민들을 만나서 설명하자 혹시 쓰레기장이 되지 않겠냐고 염려하는 분들도 있었지만, 대부분은 매우 좋아했습니다. 관심을 나타내는 주민들의 마음 한구석에서부터 새로운 활력이 일어나고 있습니다.

"목사님, 제가 장화를 두 켤레 가지고 있습니다. 거의 신어보지 않은 것인데 앞에 철판이 들어 있는 안전화입니다. 잘 닦아서 아나바다에 갖다 놓아도 될까요?"
"그럼요, 갖다 놓으세요."

안전장화는 진열해 놓자마자 필요한 주민들이 가져갔습니다. 작은 운동인데 사람들 마음속에 잠자고 있는 인정(人情)의 잠을 깨우고 있습니다.
목사님들에게 로마서 1장 20절 말씀으로 "핑계하지 말자"고 목청껏 외쳤습니다.

"창세로부터 그의 보이지 아니하는 것들 곧 그의 영원하신 능력과 신성이 그가 만드신 만물에 분명히 보여 알려졌나니 그러므로 그들이 핑계하지 못할지니라."

들풀 위에 깃든 믿음

지금 우리의 역사도 하나님이 주관하고 계심을 선포했습니다. 역사를 영어로 History라고 합니다. 여기에 S를 첨가하면 His story가 됩니다. 번역하면 그의 이야기, 하나님의 이야기가 역사입니다. 하나님의 섭리와 신성에서 벗어난 세계 역사는 있을 수 없습니다.

오래전 호주에서 공부할 때 신학교 교수님에게서 들은 예화가 놀라워서 기억하고 있습니다. 호주에는 벽에 그림 혹은 글을 그리는 그라피티(Graffiti) 예술을 많이 볼 수 있습니다. 어떤 무신론자가 다음과 같은 글을 벽에다 영어로 썼다고 합니다.

"God is no where. 하나님은 어디에도 없다"라고 써내려 가다가 벽이 울퉁불퉁해서 다음과 같이 썼다고 합니다.

"God is now here. 하나님은 지금 여기에 계십니다."

영어 철자는 모두 같은데 어떻게 띄어 쓰느냐에 따라 뜻은 완전히 달라졌습니다. 세상 모든 사람이 이구동성으로 "하나님은 없다"고 외쳤어도 하나님은 여전히 지금 여기에 계십니다.

기도회를 마치자, 몇몇 목사님들이 내게 다가와 손을 꼭 잡고 도전이 되었다고 말했습니다. 로마서 1장 20절의 "핑계하지 못할지

니라" 뜻은 "자신을 스스로 변명할 수 없는"입니다. 헬라어로 핑계
(ἀναπολόγητος)는 법정에서 쓰는 용어입니다. 법정에서 가장 중요한 것
은 증거입니다. 하나님은 증거로 그의 영원한 능력과 신성을 만물과
우리 안에 완전히, 충분히, 넘치도록 부어주셨고 보여주셨습니다. 그
래서 "나는 하나님을 몰라서 믿지 못했다"라고 핑계할 수 없습니다.

핑계에 대한 우리 속담 중에 '핑계 없는 무덤 없다'라는 말이 있습니
다. 무덤마다 죽게 된 이유가 있다는 의미입니다. 이 말 때문에 핑계를
매우 당연시합니다. 그러나 이 핑계는 그 핑계를 말하는 것이 아닙니
다. 보통 무덤에는 무덤 위쪽에 무덤을 싸고 있는 둥근 둔덕이 있는데
이것은 비가 오면 배수 역할을 해서 물이 무덤으로 들어가지 못하도록
막는 역할을 합니다. 이 둔덕을 핑계라고 합니다. 옛날 무덤에는 반드
시 이 핑계가 있습니다. 이 핑계에서 이유, 변명의 의미를 지닌 또 다
른 핑계가 생겼습니다. 무덤에는 핑계가 꼭 있지만, 살아 있는 우리는
핑계가 필요 없습니다. 핑계는 무덤에만 필요한 것입니다. 살아 있는
우리에게는 하나님의 영원한 능력과 하나님의 놀랍고 아름다운 성품
이 풍성하므로 핑계가 필요 없습니다. 아멘!

고통 잘 품기

　동그란 눈을 가지고 날아다니는 파리도 날렵하게 낚아채던 우리 집 암탉이 알을 품기 시작했습니다. 암탉이 알을 품는 것을 보면 얼마나 측은한지 모릅니다. 제대로 먹지 않아 살이 빠져서 몸은 매우 가볍고 머리 위에 있는 벼슬도 옆으로 쓰러질 정도입니다.

　아침저녁으로 살펴보니 잘 품고 있었습니다. 21일째 되는 날 알에서 병아리가 "삐약, 삐약" 소리를 내며 나와야 하는데 한 달이 지나도 나올 기미가 보이지 않았습니다. 그래서 알을 귀에다 대고 흔들어 보았습니다. 어떤 것은 물소리가 나고 어떤 것은 덜그럭거리는 소리가 나서 깨보았더니 어떤 알은 완전히 곯아서 물처럼 되었고 어떤 알은 병아리가 되다 말고 죽어 있었습니다. 얼마나 허망했는지요. 그런데 이 암탉이 얼마 지나지 않아 다시 알을 품기 시작했습니다.

　두 번째는 큰 기대감으로 지켜보았습니다. 21일 지나면서 나올 때가 되었는데 나오지 않자 또 흔들어 보았습니다. 처음과 마찬가지로 모두 죽어있었습니다. 거의 삼 개월 동안의 수고가 물거품이 되었습니다. 왜 그랬을까요? 성실과 인내로 품지 않았기 때문입니다. 암탉은 '나 죽었다'의 자세로 알을 품어야 하는데 낮에는 여기저기 놀러 다니다가 저녁에만 들어와서 알을 품으니 부화할 리가 없었습니다. 암탉이 인내로 고통을 잘 품어야 생명의 병아리를 부화할 수 있습니다.

새벽안개를 뚫고 골짜기로, 산으로, 하늘로 울려 퍼지는 피터의 울음소리는 하늘의 음성과도 같았습니다. 피터(Peter)는 우리 집 수탉의 이름으로 예수님의 제자 베드로의 영어식 이름입니다. 수탉의 이름을 피터라고 지은 이유는 베드로가 예수님을 세 번 부인했을 때 울었던 새벽닭을 기억하기 위한 것입니다. 피터는 하루도 빠짐없이 새벽 동이 틀만 하면 울어댑니다. 누가 시키지도 않았는데 새벽마다 울어대는 것을 보면 꼭 사명자처럼 보입니다. 목을 길게 빼고 "꼭끼오" 하고 울어대는 피터의 울음소리가 어느 순간부터 "꼭 기억"으로 들렸습니다.

대제사장 가야바의 뜰에 있었던 수탉 피터가 지금은 우리 집 뜰에 있습니다. 수탉 피터의 울음소리는 베드로의 고통과 예수님의 고통을 꼭 기억하라는 소리로 들렸습니다. 베드로가 예수님을 세 번 부인한 순간 수탉의 울음소리를 들었고 뜰 밖으로 나가 심히 고통하며 통곡했습니다. 수탉은 베드로가 예수님을 세 번 부인하자 기다렸다는 듯이 바로 울어댔습니다. 베드로는 자신의 수치를 들킨 그 순간을 평생 잊지 못했을 것입니다. 어디서 닭 우는 소리만 들려도 정신이 번쩍 들었

✱⋙✿⦙⦙⦙⋘✱✿⦙⦙⦙⋙✿⦙⦙⦙⋘ 돌풀 위에 깃든 믿음

을 것입니다. 베드로의 부인은 이미 주님에 의해 예언된 것이었고 베드로는 그것을 알면서도 대비하지 못했지만, 수탉은 주님의 예언을 한 치의 오차도 없이 사명을 감당했습니다. 수탉 피터의 울음은 예수 그리스도의 십자가 고통을 알리는 나팔과도 같았습니다. 수탉의 울음 후에 베드로는 통곡했고 대제사장과 장로들은 예수님을 빌라도에게 끌고 가서 사형 집행을 얻어냈고 골고다 해골의 곳으로 가서 십자가에 못을 박게 되는데 그때가 아침 9시경이었습니다. 모든 일이 일사천리로 이루어졌습니다. 이사야의 예언대로 예수님은 곤욕을 당하여 괴로울 때도 그의 입을 열지 아니하였고 마치 도살장에 끌려가는 어린 양과 같이 잠잠히 십자가 고통의 길을 걸어가셨습니다. 예수님은 유일하고 최고의 고통인 십자가에 친히 달려 그 몸으로 우리 죄를 담당하셨습니다(벧전 2:24). 예수님의 십자가 고통은 예정된 것이고 피할 수 없는 하나님의 구원 사역입니다.

예수님이 십자가에서 외치신 말씀, "나의 하나님 어찌하여 나를 버리셨나이까?"(막 15:34)를 속 시원하게 이해하지 못했는데 유대인을 위한 유대인의 신약성경에서 이 부분을 번역한 것을 보고 얼마나 놀랐는지 모릅니다. 이 번역본은 예수님이 사셨던 당시 유대인의 문화와 언어를 근거로 해석한 것입니다. 대부분 신학자는 이 부분을 예수님의 전인적 고통으로 설명합니다. 그러나 예수님의 이 외침은 과거시제로 되어있기에 예수님의 현재 당하고 계신 십자가의 고통을 외치고 있지 않다는 것을 알 수 있습니다. 유대인의 신약성경에서는 이 부분을 다음과 같이 번역했습니다.

> "나의 하나님, 어찌하여 제가 여기 있는 영광을 주셨습니까?"(『유대인의
> 신약성경』, 데이비드 H 스턴, p.105)

이것을 근거로 해석한다면 예수님은 십자가의 고통을 영광으로 받
아들였습니다.

우리 집 암탉이 그의 고통을 끝까지 인내하며 성실하게 품었다면
새 생명을 얻었을 것입니다. 하나님이 우리에게 이 세상의 삶을 허락
하신 가장 큰 이유는 이 땅에서의 고통을 통해 하나님 나라의 영원한
생명을 주기 위한 것입니다. 생명은 고통을 통해 탄생합니다. 그러므
로 이 순간 하나님의 뜻을 헤아리며 지금 나에게 있는 고통을 끝까지
잘 품어야 합니다. 그러면 하나님의 신비한 선물이 그 고통 안에 숨겨
져 있는 것을 보게 될 것입니다.

소중함·중요함

    지난밤부터 내리던 가을비가 이른 아침까지 계속 내리고 있습니다. 부드럽고 온유하게 내리던 가을비는 내 가슴을 적시면서 마음속으로 들어와 하늘의 눈물로 변했습니다.

    매우 유쾌하셨던 신 씨 할머니가 밭에서 일하다가 중풍으로 쓰러져 병원에 입원했고 잠시 요양병원에서 지내다가 집으로 오셨습니다. 할머니는 어린아이처럼 순진하고 말을 재미있게 합니다. 찾아뵙고 대화를 나누는 중에 다시는 걸어 다닐 수 없는 자신의 처지가 한탄스러운지 눈가에 눈물이 글썽거렸습니다. 손을 잡고 간절히 기도해 드렸지만, 할머니를 병상에서 일으키지 못하는 나의 믿음에 부끄러움의 눈물을 속으로 훔쳤습니다.

    요즘 들어 나의 연약함을 더욱 처절하게 느끼고 있습니다. 조금만 내 뜻대로 되지 않으면 분노의 감정을 드러내고 사람들이 나에 대해

싫어하는 표정만 지어도 못 견디고 끙끙거리며 온갖 부정한 생각을 하면서 밤을 지새우기도 했습니다.

"목사님께 실망했어요. 그래서 교회 안 나갈 거예요."

원인도 모르고 대화의 기회도 없고 일방적인 통보에 자책감으로 시달렸습니다. 마을 주민 중에 나에게 반감을 품고 표독한 얼굴로 대하는 사람이 있습니다. 몇 번 대화를 시도했지만, 늘 싸늘한 반응만 돌아왔습니다. 이런 상황 앞에서 눈물을 흘리면서 기도하곤 합니다. 가을비는 인생들을 바라보면서 우는 나의 눈물이면서 하나님의 눈물같이 보였습니다.

"나를 가져가세요."

얼마 전만 하더라도 새파란 가시를 곤두세우고 눈길조차 주는 것도 용납지 않겠다는 밤송이가 점점 누렇게 변하더니 가슴을 활짝 열고 신비한 빛깔이 감도는 알밤을 땅으로 내려보냅니다. 풀섶에 삼삼오오 모여서 수다를 떨고 있는 듯한 알밤들은 자신들을 가져가 달라고 손짓합니다. 아낌없이 조건 없이 자신을 내어주는 알밤이 너무 사랑스럽고 큰 기쁨을 주었습니다.

✿ ❀ ✿ ❀ ✿ 들풀 위에 깃든 믿음

교회 사무실에 들어서자, 책상 위에 금빛 보자기로 싸여 있는 선물 상자가 있었습니다. 풀어보니 진 씨 아저씨가 갖다 놓고 간 배상자였습니다. 추석을 맞아 선물을 준비하면서 나를 소중히 생각했을 아저씨를 그려보았습니다.

이영수 집사님 댁을 방문했다가 집사님에게서 선물을 받았습니다.

"목사님, 고구마를 캤는데 작지만 아주 맛있어요. 드셔보세요."

집사님은 고구마를 캐면서 나를 생각했을 것이고 보기에 크고 좋은 것으로 상자에 담으면서 나를 생각했을 것입니다. 집사님은 고구마를 주기 위하여 나를 수없이 생각했을 것입니다. 나를 소중히 여기는 집사님의 마음이 가을의 들국화처럼 피어났습니다.

"저는 목사님 팬입니다."

집사님 한 분이 나를 다른 사람에게 소개하면서 사용한 말입니다. 그 말을 듣자 속으로 만감이 교차했습니다.

'그런 소리 들을 자격이 없는데.'
'나 듣기 좋으라고 한 말이겠지.'

그러다가 스스로 생각했습니다.

'이런 말은 감동된 사랑의 마음이 아니면 할 수 없을 거야. 분명히 나를 소중히 여기는 마음으로 그런 말을 했을 거야.'

이렇게 생각하게 되자 가슴이 뛰기 시작했습니다. 모든 사람으로부터 소중히 여김을 받을 수는 없지만, 누군가로부터 소중히 여김을 받고 있다는 사실이 내 영혼에 생기를 줍니다. 최근 경험한 어려움, 마음의 고통, 갈등, 실망 등이 나를 괴롭혔지만, 다시 일어날 수 있는 것은 나를 소중하게 여겨주는 사랑의 마음 때문입니다. 누군가로부터 소중히 여김을 받는다는 것만큼 마음에 기쁨을 주고 살 용기를 주는 것이 있을까요?

소중함 안에는 사랑, 섬김, 순결, 겸손의 향기가 있습니다. 소중함은 강요가 아닌 전적인 자원하는 마음으로 이루어집니다. 소중함과 비슷하지만 완전히 다른 말이 있는데 중요함입니다. 늘 나에게 눈을 떼지 않고 나의 움직임을 주시하면서 가는 곳마다 따라다니는 강아지 둘로스가 있습니다. 둘로스의 눈동자는 순진, 순종, 순수의 빛으로 가득합니다. 매우 순하며 모든 사람에게 친절합니다. 하얀 털을 가지고 통통하게 살이 쪄서 보기에도 매우 귀엽게 생겼습니다. 가끔 마을 주민이 저에게 말합니다.

✿ ﹥))❀ ((﹤✿﹥))❀ ((﹤ 들풀 위에 깃든 믿음

"그놈, 살이 있는 게 보신탕으로 먹기에 딱 좋겠네요."

그분에게 둘로스는 보신탕용으로는 중요할지 모르지만 소중하지는 않습니다. 나에게 둘로스는 중요한 존재가 아닌 소중한 존재입니다. 소중함은 존재의 관점에서 보는 것이고, 중요함은 기능적 관점으로 보는 것입니다. 존재에 대한 사랑이 식어지면 소중함에서 중요함으로 변하게 됩니다. 사도 바울이 고린도교회 성도들에게 보낸 편지에 이 사실을 얼마나 놀랍게 표현하고 있는지요.

"내가 구하는 것은 여러분의 재물이 아니라 여러분 자신입니다"(고후 12:14, "I do not want your things, but rather you yourselves." 영어 성경 ISV).

이것은 우리 하나님의 마음입니다. 하나님은 나의 소유, 나의 외모, 나의 자격이 아닌 나 자신의 존재를 원하십니다. 나의 존재를 소중하게 여기셔서 자신의 존재를 주신 주님을 찬양합니다.

사랑 가득한 알밤을 창조하신 하나님,
눈길이 닿는 곳마다 하나님의 손길로 가득한
10월을 선물로 주셔서 감사합니다.
추수하는 농부들의 마음에 하늘의 은총을 내리소서.
뿌릴 때가 있으면 추수할 때가 있듯이
예수님은 세상 만물의 시작과 끝이 되십니다.
우리의 연약한 믿음에 힘을 주소서.

천지에 충만하신 성령님,
불순종하며 음란한 이 시대를 살아가는 우리에게
'내가 너를 사랑한다'는 주님의 음성을 듣게 하소서.
예수님의 은혜, 하나님의 사랑, 성령의 능력으로
우리 교회를 살려주소서.
우리 교회를 일으켜 세워주소서.
우리 교회를 사용해 주소서.

알밤을 안고
성악가 흉내 내는 달

하늘

　아직도 간밤의 일로 정신이 번쩍 들어 있습니다. 산골짜기의 깊고 고요한 밤, 번쩍이는 섬광과 함께 방 안이 환하더니 이내 지붕이 들썩일 만큼 큰 소리의 천둥이 내리쳤습니다. 철판 지붕에 쏟아지는 비는 꼭 군악대가 타악기를 연주하면 행진하는 것과 같았습니다. 잠시 조용하길래 지나갔나 싶었는데 전에 것보다 더 큰 천둥 번개가 천지를 뒤흔들어 놓았습니다. 전기차단기가 떨어지고 모든 전기 제품이 멈췄습니다. 현관문을 열고 밖을 살피자, 끝도 없이 어두운 하늘 여기저기서 번개가 춤을 추고 사자가 으르렁거리는 것과 같은 소리가 끊임없이 들려왔습니다. 그때 그 하늘로부터 한 소리가 들렸습니다.

　"하늘이 있다."

　✦·)))✿((·✦·)))✿　들풀 위에 깃든 믿음

고개를 숙이고 땅만 보고 있고, 땅의 것만 생각하고 있는 나에게 하나님의 음성이 들렸습니다. "하늘이 있다." 최근에 우리 마을 김 씨와 대화를 나누는 중에 깜짝 놀랄만한 소식을 들었습니다.

"목사님, 제가 홍천 건축자재상에 갔다가 들은 말인데요. 박성수 씨가 죽었데요."

건재상 주인은 박성수 씨와 오랫동안 건축자재를 거래했기 때문에 서로 잘 아는 사이였습니다.

"죽은 지 꽤 됐대요. 자살했냐고 물었더니 확실하게 대답하지 않던데요."
"박성수 씨가 죽었다고요? 저는 처음 듣는 말인데요."

박성수 씨는 최근 몇 년 사이 삶에 큰 어려움을 겪었습니다. 그래도 아직 나이가 60대 초반이고 특별한 몸의 질병이 없었기에 사망 소식을 들은 나는 매우 놀랐습니다.
박성수 씨는 우리 마을에서 성격이 매우 까칠하고 고집이 세기로 정평이 나 있었습니다. 보스 기질이 있어서 누구에게 지려고 하지 않고 늘 자기가 주도하려고 했습니다. 그래서 마을 사람들이 가까이하기를 꺼렸고 될 수 있는 대로 말을 섞으려고 하지 않았습니다. 그래도 나는 가끔 외톨이처럼 보이는 그를 친근히 대해주고 자주 왕래하며 지냈습니다. 그는 닭을 밭에 방목하면서 키웠습니다. 홍천읍에 있는 음식점에서 잔밥을 수거해 와서 그것을 먹이로 사용했습니다. 잔밥을 밭에 뿌렸기 때문에 고약한 냄새가 진동하고 파리가 들끓었습니다. 비만 오면 잔밥이 시냇물로 흘러들어와서 역한 냄새가 이만저만이 아니었습니다. 마을 주민들이 반대하고 홍천군 환경과에서도 경고했지만 듣지 않고 계속했습니다. 몇 번이고 그를 만나서 설득해서 좋은 방법을 제시했지만 끝내 듣지 않았고 마을 주민과의 갈등이 악화되어 결국 마을을 떠나 춘천으로 이사를 나갔습니다.

김 씨와 대화 도중에 박성수 씨에게 직접 전화해 보고 싶었습니다. 핸드폰 신호음이 몇 번 울리더니 전화를 받은 사람은 바로 박성수 씨였습니다.

"도심리 홍동완 목사입니다. 잘 지내시죠?"

"그럼요, 잘 지냅니다."

"한동안 못 봐서 어떻게 지내시나 연락드렸어요."

"어이구, 감사합니다."

"언제 한번 놀러 오세요."

"네, 감사합니다."

전화를 끊고 김 씨에게 박성수 씨가 살아 있음을 확인시켜 드렸습

들풀 위에 깃든 믿음

니다. 졸지에 한 사람이 죽었다가 살아났습니다.

　박성수 씨는 나에게 매우 특별한 존재입니다. 제가 도심리에 온 지 삼 년째 되던 해, 정월 대보름날, 늦은 오후에 나를 찾아왔습니다. 얼굴이 벌건 것으로 보아 술을 잔뜩 마신 것을 알 수 있었습니다.

　"목사님, 오늘 저녁 마을 정월대보름 거리 제사가 있습니다. 오셔서 마을을 위해 기도해 주세요."

　요청을 받고 당황하는 나에게 하나님은 거리 제사에 참여해서 기도에 복음을 넣으라고 말씀해 주셨습니다. 마을 주민들은 내가 처음 이 마을에 왔을 때 집집마다 다니면서 예수 믿으라고 말하지 말라고 했었는데 그를 통해 기도로 복음 전할 기회를 가지게 되었습니다. 이 일은 박성수 씨가 어느 누구와도 의논하지 않고 스스로 추진한 것이 분명했습니다. 거리 제사 장소에 도착하자 그는 주민들을 불러 모았습니다.

　"목사님이 기도하십니다. 모여주세요."

　마을 사람들은 마지못해 돼지머리가 있는 제사상 앞에 모여서 함께 기도를 드렸습니다.

　"하늘의 해와 달과 별들은 지으신 하나님, 감사합니다.

모든 식물과 동물들을 창조하신 하나님, 감사합니다.

바다와 그 가운데 모든 물고기를 창조하신 하나님,

감사합니다.

하나님이 세상을 이처럼 사랑하사 독생자를 주셨으니

이는 그를 믿는 자마다 멸망하지 않고

영생을 얻게 하려 하심이라(요 3:16).

우리에게 예수 그리스도를 보내주셔서 믿는 자마다

멸망하지 않고 영생을 주셔서 감사합니다.

감사 농사가 풍년 되게 하소서.

고추에 탄저병이 없게 하시고 풍년들게 하소서.

옥수수 농사가 잘되게 하소서.

어르신들이 올해 건강하게 하소서.

자손들에게 복을 내려주셔서 가정이 행복하게 하시고

사업이 번창하게 하소서.

올 한 해도 우리 마을에 평안과 행복을 주소서.

여기에 모인 우리 모두에게 복을 내려주시옵소서.

우리에게 영원한 생명을 주신 예수님의 이름으로

기도합니다. 아멘.”

　　정월대보름, 고요한 달빛 아래 목청껏 기도한 것이 사람들의 마음에 감동을 준 모양입니다. 기도한 후에 나에 대한 마을 주민들의 태도에 변화가 일어났습니다. 목사가 거리 제사에서 기도했다는 것이 이야깃거리가 되기도 했지만, 힘 있게 기도한 것이 마을 주민들에게 꽤나 감동이 되었던 모양이었습니다. 이것이 생명의 새싹이 되어 미전도면서 무교회 지역이었던 우리 마을에 교회가 세워졌습니다. 이 놀라운 일이 박동수 씨에 의해서 시작되었습니다.

마태복음은 유대인을 주요 대상으로 기록했습니다. 유대인들의 선민사상은 "오직 유대인, 오직 이스라엘"을 외쳤는데, 마태는 그들을 향해 "아니다. 하늘이다"라고 외쳤습니다. '하늘에 계신 하나님'을 사복음서 가운데 가장 많은 25회를 사용했습니다. 하나님은 하늘을 기준으로 섭리하십니다. 하늘에서 하나님이 보실 때 유대인이나 이방인이나 부자나 가난한 자나 악인이나 선인이나 동일하게 은혜를 베푸십니다. 하나님은 까칠한 박성수 씨도 은혜의 대상이고 섭리의 도구입니다.

닮아감

마음의 길이 있는 마을, 도심리(道心里)에 가을이 깊어 가고 있습니다. 올해 교회 앞에 있는 복자기 단풍은 작년보다 더욱 은은한 주홍빛을 발하고 있습니다. 시원한 향기를 뿜어내며 바람에 흔들리는 복자기 단풍잎들은 신비한 빛의 춤을 춥니다. 두 팔을 벌리고 하나님을 가슴으로 안을 수밖에 없고 바람과 함께 나의 영혼 속으로 스며드는 온화한 주님의 숨결을 받아들일 수밖에 없습니다. 놀라운 하나님의 임재입니다. 하나님이 나의 몸을 커튼으로 휘감듯이 임하자 나도 모르게 입에서 가녀린 감탄이 터져 나왔습니다.

"제가 세계를 구할 수 있을까요?"

이것은 분명히 나의 맨정신에서 나온 것이 아니라 하나님의 강한 임재가 만들어낸 영혼의 외침입니다. 이사야 선지자가 하나님의 임재 속에서 하나님의 요청에 자신도 모르게 입술을 열어서 외칩니다.

"내가 여기 있나이다. 나를 보내소서."

오늘은 마을 소풍이 있는 날입니다. 코로나로 인해 3년 동안 없었던 마을 소풍을 가기로 했습니다. 이번 마을 소풍에 몇 가지 목적을 두었습니다.

첫째는 서로 알아가고 화합하는 시간입니다. 우리 마을에 온 지도 스무 해를 넘겼습니다. 그동안 많은 어르신이 돌아가셔서 이제는 낯선 얼굴들이 더 많습니다. 소풍을 오가는 중에도 마을 어르신들이 나에게 모르는 사람에 대해 자꾸 물어봅니다.

"저 양반은 누구셔?"
"언제 우리 마을에 왔어?"
"집은 어디야?"

농촌도 이제는 점점 왕래가 줄어들고 있습니다.

둘째는 그동안 있었던 코로나로 마음고생이 심했고 눌려있던 감정을 털어버리고 새 마음을 갖고자 했습니다. 올해 우리 마을에서 추진했던 행정구역상 '리(里)'로 독립하는 일이 성취되지 못하자 한껏 기대했던 마음이 낙심으로 바뀌었습니다. 그래서 마을 분위기 전환이 필요했습니다.

셋째는 새로운 세상을 보기 위한 것입니다. 가장 먼저 간 곳은 인제 꽃축제였습니다. 국화꽃, 구절초꽃, 백합화, 마가목 등을 잘 가꾸어 놓았습니다. 인제를 지나 설악산의 수려한 산세와 아름다운 단풍을 보고 주문진에 가서 유람선을 타고 동해의 망망대해로 나갔습니다. 끝없이 펼쳐진 넓은 세상을 보았습니다. 우리가 살아가는 도심리도 매우 아름답지만, 도심리를 벗어나면 무한히 펼쳐져 있는 또 다른 세상이 있습니다.

소풍을 다녀온 후에 함께 찍은 사진들을 바라보았습니다. 한 사람 한 사람 소중한 모습들이 보였습니다. 바다를 배경으로 함께 모여 찍은 사진은 서로 하나 됨, 닮음 그 자체였습니다. 하늘을 향해 손을 높이 들고 있는 사람, 서로 부둥켜안고 있는 사람, 손하트로 사랑의 마음을 표시하고 있는 사람, 한 사람씩 있을 때보다 함께 모여있는 모습이 훨씬 아름답게 보였습니다. 사진 속에는 코로나도, 근심도, 다툼도, 미움도 보이지 않았습니다. 오직 살아 있는 생명이 보이고, 변할 수 없는 믿음이 보이고, 마침내 승리의 함성을 외칠 소망만 보였습니다. 세상은 여전히 흉용하고 죄악이 기승을 부리고 있고 전쟁의 소문이 무성할지라도 하나님의 진리, 생명, 하나님의 나라는 하나로 완성될 것입니다.

산과 골짜기가 많은 우리 마을은 평온한 마을입니다. 마을 주민들은 이런 우리 마을을 닮아가고 있습니다. 처음 우리 마을에 이사 왔을

들풀 위에 깃든 믿음

때 성질 사납기로 유명했던 김 씨는 마을 가운데로 흐르는 작고 세심한 시냇물을 닮아 유순해지고 있습니다. 관광버스를 함께 타고 소풍 가는 어르신들의 동그란 얼굴들은 도심리에서 자라나는 들꽃을 닮았습니다. 가을에 가장 많이 피어 있는 들꽃은 노랗고 향기 그윽한 들국화, 밭 주변과 산허리에 무리 지어 피어 있는 쑥부쟁이, 데이지꽃을 닮은 달걀노른자를 얹어놓은 듯한 구절초, 얼마나 겸손하고 온유한 꽃들인지요. 들꽃들은 산과 나무, 골짜기와 조화를 이루며 파란 하늘과 하얀 구름이 만들어 낸 색감의 조화는 서로를 닮아가면서 점점 통일된 몸을 만들어 가고 있습니다.

아무리 뛰어난 몸의 지체라도 그것만으로는 완전할 수 없습니다. 모두가 하나로 연결될 때 완전함에 이르게 됩니다. 성경은 계속해서 하나를 강조합니다.

"하나님도 한 분이시니 곧 만유의 아버지시라 만유 위에 계시고 만유를 통일하시고 만유 가운데 계시도다"(엡 4:6).

만유를 통일하신다는 의미는 하나님이 만물을 관통하여 존재함을 말씀합니다. 하나님의 임재 가운데 있는 만물이 하나로 연합할 때 하나님의 완전한 모습이 점점 드러나게 됩니다.

"우리가 … 하나가 되어 온전한 사람을 이루어 그리스도의 장성한 분량이 충만한 데까지 이르리니"(엡 4:13).

    교회가 연합하여 하나가 될 때 점점 그리스도의 장성한 분량에 이르게 되고 그리스도를 닮아가게 될 것입니다. 혼자는 온전할 수 없고, 연합할수록 더욱 하나님의 모습은 분명해집니다. 그래서 예수님을 닮아가는 성도인 교회 안에서 우리는 예수님을 볼 수 있습니다. 나는, 우리는 지금도 닮아가고 있습니다. 닮아감을 위해서는 긴 시간, 함께 함, 사랑이 필요하겠지요!

가을편지

하늘에 계신 하나님,

이 가을에 하나님께 편지를 띄웁니다.

쉬지 않고 일하던 두 손을 살며시 거두어

무릎 위에 올려놓습니다.

얼굴에 은은한 미소를 띠며

울긋불긋한 단풍이 꽃으로 피어나는

파란 하늘과 도심리 먼 산을 바라봅니다.

하늘 아래에는 사랑스러운 열매들로 가득합니다.

감자, 옥수수, 고구마, 들깨, 고추, 오이, 배추, 벼, 오미자,

무, 호박, 대추, 밤….

모두 당신이 하늘 품에서 내려주신 선물들입니다.

하늘 아버지,

손가락으로 아무리 꼽아도

셀 수 없는 은혜를 받았음에도

비를 제때 내려주지 않는다고

당신을 향해 원망의 말을 중얼거렸습니다.

잠시 구름에 가린 태양을 보면서

'햇볕이 없어서 올해 농사는 다 틀렸어'라고

욕심에 사로잡혀서 말과 행동을 가볍게 했던 것을 용서하소서.

하늘 아버지,

뒤에서 들려오는 험담에 마음이 상하고

하지도 않은 말을 한 것으로 오해받아서

분한 마음으로 밤을 꼬박 새우기도 했습니다.

믿고 의지했던 사람으로부터 배신을 당하여

사람 자체에 대한 실망이 컸지만,

사랑은 용서를 통하여 완성되고

진리는 믿음을 통하여 완성된다는 것을 알아

예수 그리스도처럼 자신을 줄 수 있는 용기를 주소서.

하늘 아버지,

봄에는 뻐꾸기가 울었고

여름에는 매미들이 힘차게 노래했고
가을의 끝자락인 지금
꿀을 모으기 위해 벌들이 마지막까지 웅웅거리며
부지런히 노란 들국화를 옮겨 다니고 있습니다.
어린 시절이 아련히 생각이 납니다.
개울물에서 멱을 감고, 송사리와 고추잠자리를 쫓으며
장난치던 순수한 때로 돌아가서
욕심을 버리고, 미움도 버리고
'이제부터는 모두를 사랑해야지.' 다짐해 봅니다.

하늘 아버지,
감자 한 알 더 얻으려고 손가락 마디마디는 굵어졌고
빨간 고추 하나라도 더 거두어들이려고 등은 굽었습니다.
그동안 흙과 함께
흙을 바라보며 살아왔습니다.
이제는 하늘을 올려다보겠습니다.
점점 흐려지는 눈과 귀,
거칠어지는 심장 소리,
자꾸만 약해지는 무릎이지만
"여기가 끝이 아니다. 지금이 끝이 아니다"라는
옹달샘 생명의 소리를 듣게 하소서.

'나는 누구인가'라는 존재 질문을 하면서
겸허한 몸과 마음으로
하늘 너머에 있는 신비의 세계,
당신의 영원한 나라를 호기심 가득한 눈으로 바라보겠습니다.

하늘 아버지,
환한 미소로 이웃과 서로 어깨동무하고
가만히 내려앉은 낙엽들을 보면서
'참된 사랑은 드러내지 않고 모르게 하는 것'이라는 말씀을
듣게 하소서.
그래서 참된 행복은 혼자 만드는 것이 아니라
함께 어울려 살 때 만들어진다는 것을 알게 하소서.

나와 너, 우리와 자연,
우리와 하나님이 하나가 될 때
순결한 하나님의 나라가 이루어지고
믿음, 소망, 사랑으로 가득 찬 행복이
우리 도심리 마을에 있음을
이 가을에 보게 하소서.
하늘에 계신 하나님 아버지, 감사합니다.
사랑합니다.

하나님, 하얀 눈을 내려주세요.
그래서 어릴 적 내리는 눈을 보며
기쁘게 뛰놀았던 순수한 마음으로 돌아가
하나님의 하얀 뜻을 보게 하소서.

예수님, 찬바람을 보내주세요.
그래서 나도 모르게 무기력하고
삶의 방향을 잃은 듯한
영혼의 깊은 영적인 잠을 깨워주소서.

성령님, 캄캄한 밤을 주세요.
그래서 인생의 어둠에서
말구유와 같은 나의 마음에
영원하고 따뜻한 소망의 별인
예수님을 모셔 들이게 하소서.

한 해를 보내며 꿇은 무릎 위에
두 손을 살며시 올려놓으며 고백합니다.
주님, 사랑합니다. 주님, 감사합니다.

땅보다 하늘을
자주 보는 달

조이

첫서리가 내리자 하늘을 떠받치고 있던 호박잎이 땅바닥에 자신의 몸을 망설임 없이 던져버렸습니다. 강렬한 열정으로 이 나무 저 나무를 오가며 뻗어있던 칡넝쿨도 앙상하게 줄기만 남기고 두 손을 모으고 머리는 하늘을 향해 깊고 오랜 묵상에 들어갔습니다.

지난밤부터 갑자기 추워지더니 된서리가 내렸습니다. 땅에 붙어있던 토끼풀에 서리꽃이 피었습니다. 그래도 파란빛으로 꿋꿋한 토끼풀은 측은하기보다는 신비한 빛으로 반짝거렸습니다. 서리는 추운 겨울 앞에 오면서 겨울의 길을 예비하는 전령과도 같습니다. 서리와 함께 농부들은 농사를 마무리합니다. 맨 마지막은 김장 배추와 무를 거두어들이면서 김장하는 일입니다. 아직도 나무로 집 안을 따뜻하게 하는 농가들이 있습니다. 이들은 겨울에 땔감을 준비해야 합니다.

들풀 위에 깃든 믿음

"이제 추워진다. 곧 하얀 눈 겨울과 차가운 얼음 겨울이 온다."

하늘을 활보하는 까마귀의 외침이 들리는 아침입니다. 계절의 변화는 하나님 현존의 뚜렷한 증거입니다.

오늘은 매우 특별한 날입니다. 큰딸 조이(Joy)가 결혼하기 때문입니다. 새벽에 기도하는데 문득 든 생각입니다. 신부 입장할 때 조이 손을 잡고 가다가 신랑에게 손을 넘겨줄 때 어떤 마음으로 넘겨줄까를 생각했습니다.

시간이 되어 주례 목사님이 결혼예식의 시작을 알리고 신랑 입장 후에 신부 입장을 외쳤습니다. 나는 조이의 손을 잡고 천천히 걸어갔습니다. 마주 오는 신랑에게 조이의 손을 넘겨주었습니다. 둘이 손잡고 걸어가는 뒷모습을 바라보다가 조이의 이름을 불렀습니다. 마지막으로 조이의 이름을 부르고 싶었습니다.

"조이야!"

돌아보는 조이를 향해 다가가서 조이 귀에 속삭였습니다.

"나의 딸, 고맙고 사랑해."

30년 전, 주님께서 작고 작은 나를 주의 종으로 불러주셨을 때 너무 감격하여 하나님께 나를 드리기로 했고 최상의 헌신이 선교사라고 여겼습니다. 그것도 가장 어렵게 여겨졌던 아프리카 선교사로 헌신했습니다. 그때 내 아내를 선교단체에서 만났는데 아내는 방글라데시 선교사로 준비하고 있었습니다. 주님 나라 위해 삶의 방향이 같았기 때문에 만난 지 두 달 만에 결혼했습니다. 선교지로 곧 간다는 계획 때문에 다른 것에 신경 쓸 여가가 없었습니다.

선교사 준비 중에 낳은 첫 아이가 바로 조이였습니다. 기쁨이신 예수님처럼 기쁨을 주는 하나님의 자녀가 되었으면 좋겠다는 의미에서 이름을 영어로 기쁨이라는 뜻의 조이(JOY)라고 지었습니다. 조이의 한자도 의미가 있습니다. 한자로 조이(造怡)는 지을 조(造)에 기쁠 이(怡)입니다. 기쁨을 만든다는 의미입니다. 조이는 이름대로 나뿐만 아니라 많은 사람에게 기쁨을 만들어 주었습니다.

조이가 도심리 마을에 온 때는 2002년 3월이었습니다. 도심리는 다른 마을과 동떨어져 있는 매우 외딴 산골 마을입니다. 당시에는 마을의 모든 길이 비포장도로였습니다. 그 길을 하루 두 번씩 통학했습니다. 교육환경도 열악했고 교회를 개척하면서 분주한 나의 목회 때문에 딸 조이와 샤론이는 본의 아니게 희생하듯 살았습니다. 부모로서 늘 미안한 마음을 지니고 있었습니다. 이 마음을 아는 듯 결혼식 순서에 따라 조이가 부모에게 보내는 편지를 읽었습니다.

✿ ·))) ✾ (((·✶·✿·))) ✾ (((들풀 위에 깃든 믿음

사랑하는 엄마 아빠,

큰딸 조이에요.

하고 싶은 말은 너무 많지만,

제일 먼저는 감사하다고 전하고 싶어요.

열악한 환경 속에서

저랑 샤론이가 자라게 해서 항상 미안하다고 하셨지만,

오히려 그 덕분에 인생에서 중요한 것이 무엇인지

빨리 배울 수 있었어요.

이제는 그만 미안해하셨으면 좋겠어요.

오늘에 이르기까지 다른 누구도 아니고

엄마 아빠랑 희로애락을 함께 누릴 수 있어서

너무 행복했습니다.

그리고 앞으로도 우리에게 펼쳐질

하나님의 놀라운 은혜와 축복을 기대합니다.

엄마 아빠,

제게 주신 이름처럼 조이풀(Joyful)하게

기쁘게 살아갈게요.

많이 많이 사랑해요.

조이 안에는 아담과 하와, 노루, 산토끼, 시냇물, 봄, 목련, 여름, 산
딸기, 가을, 코스모스, 겨울, 할아버지와 할머니, 엄마와 아빠, 서울,

호주, 공주, 방글라데시, 도심리, 예수님, 성령님, 하나님이 들어있습니다. 그러기에 조이 안에는 우주가 들어있습니다. 앞으로 펼쳐질 조이의 삶은 신묘막측할 것입니다.

작은 조이지만 절대 작지 않습니다. 결혼하는 조이의 모습에서 순결한 하나님의 세계와 섭리를 보았습니다.

"만물이 다 너희 것임이라"(고전 3:21).

변화

산 꿩이 긴 꼬리를 흔들면서 자작나무 숲으로 날아갔습니다. 논밭에 찬바람이 돌면서 추수 끝머리에 있는 농부들의 손놀림도 느긋해졌고 손을 뒤로 하고 허리를 펴는 시간이 많아졌습니다. 항상 보는 풍경인데 새롭게 느껴졌습니다.

올해는 내가 도심리 마을에 온 지 딱 20년이 되는 해입니다. 어떤 변화가 있었을까를 생각하면서 교회 뒷동산에 올라 은사시나무 아래에 앉아 마을을 내려다보았습니다.

첫째는 사람들의 변화입니다. 내가 왔을 때 계셨던 분들이 세상을 많이 떠났습니다. 우리 마을에 오래 산 것으로 말하면 여섯 번째입니다. 이제는 거의 토박이 행세를 하게 되었습니다.

두 번째는 환경입니다. 주거시설이 농촌과는 어울리지 않는 세련되고 도시형으로 변화하고, 펜션, 야영장, 커피숍 등으로 예전의 농촌 분위기와는 사뭇 달라졌습니다. 세 번째는 마을의 분위기입니다. 분위기를 바꾸는 데 중요한 역할을 한 것은 우리 교회입니다. 교회를 통해 주민들의 가슴에 생명과 삶의 소망을 품게 되었습니다. 생명은 영원한 구원을 말하고 소망은 행복한 마을입니다.

이번 추수 감사 예배에 군수님이 오셔서 인사말을 해주셨습니다.

"어린 시절부터 도심리 마을을 잘 알고 있습니다. 완전 산골이었고 머리에 곡식을 이고 성산 시장에 갔다 팔고 돌아오면 한밤중이었습니다. 저의 어머니도 바늘쌈지를 가지고 도심리에 온 이야기를 하십니다. 지금은 너무 놀랍게 변했습니다. 여기 목사님이 도심리에 오셔서 반장일을 잘 보셔서 도심리가 단합이 잘되고 생동감 있는 마을이 되었습니다. 한 사람의 리더가 누구냐가 얼마나 중요한가를 깨달았습니다."

작년에는 코로나로 못했지만, 올해는 마을 주민들과 함께 추수 감사 예배를 드렸습니다. 마을 주민들은 추수한 농산물을 가지고 왔습니다. 무, 배추, 고추, 들깨, 사과, 오미자, 고구마 등을 가지고 와서 예배당 앞에 올려놓았습니다. 감사와 기쁨의 예배였습니다.

강 집사님이 '하나님의 은혜'를 색소폰으로 감동적인 연주를 했습니다. 감사 간증 나눔, 감사 편지, 설교, 찬양은 아리랑, 우리의 소원은 통일, 고향의 봄을 개사해서 불렀습니다. 다음은 "고향의 봄" 곡조에

들풀 위에 깃든 믿음

맞춘 애향가(愛鄕歌)입니다.

> 내가 사는 도심리는 꽃피는 산골
> 복숭아꽃 돌배꽃 아기 진달래
> 산수 좋고 인정 많은 어여쁜 동네
> 도심리에 사는 것이 행복합니다.
> 봄에는 씨뿌리고 여름에는 땀을
> 가을에는 추수하고 겨울에는 사랑
> 하나님과 이웃을 참 사랑하면
> 하나님이 만복을 내리십니다.

도심리에 가을이 깊어지고 곧 겨울이 포근하고 하얀 솜이불처럼 우리 마을에 내려앉을 것입니다. 계절은 바뀌지만, 하나님이 우리 마을을 그의 나라로 계속해서 변화시킬 것입니다.

자연(自然)은 단어 그대로 스스로 존재하면서 이루어지는 것을 의미합니다. 자연은 스스로 존재하면서 모든 변화를 만들어 냅니다. 하나님은 자신을 "스스로 있는 자"라고 말씀하셨습니다(출 3:14). 하나님은 누구에 의해서가 아니라 스스로 존재하면서 모든 것을 변화시키십니다. 하나님의 모양과 형상이 변화의 목표이고 이 변화의 주체가 하나님이십니다(창 1:26-27).

나에게 몹시 아픈 경험이 있습니다. 성도 한 분이 주일 예배 설교 중에 예배당을 나가버렸습니다. 살며시 나가는 것이 아니라 '당신 설교는 더 들을 수 없네'라고 말하는 것처럼 예배당 문을 거칠게 닫고 나갔습니다. 신앙의 경륜이 오래되고 영적인 체험도 많이 하셨다는 성도였기에 더욱 이해할 수 없었습니다. 수많은 기도, 수많은 성경 공부, 수많은 설교가 아무 영향이 없었던 걸까를 생각하니 왠지 슬픔이 몰려왔습니다. 나의 욕심인지 모르겠습니다. 나의 설교를 들은 성도들이 감동하고 그대로 살기를 바라는 마음이 있습니다. 그러나 현실은 그렇지 않습니다. 앞산에 박혀있는 바위처럼 좀처럼 변화가 보이질 않습니다. 이것 때문에 고통으로 기도하는데 주님은 나에게 예수님 바로 옆에 변하지 않는 제자 가룟 유다를 보여주셨습니다. "억지는 사람을 변화시키지 못한다"라는 필립 얀시의 말에 동의하면서, 나의 욕심으로 성도들이 내 생각에 맞게 억지로 변화시키려고 힘쓴 나의 모습을 돌아보았습니다. 이제 나는 변하지 않는다고 해서 실망하지 않고 변화의 주체가 내가 아니라 하나님임을 고백하면서 더욱 하나님을 의지하기로 했습니다.

"변화하기를 멈추는 것은 죄다."

성 베르나르의 말을 심비(心碑)에 새기면서 변화의 주체이신 하나님께 나의 변화, 교회의 변화, 우리 마을의 변화를 하나님의 모양과 형상으로 변화되도록 온전히 맡기기로 했습니다.

　기도의 집을 나서며 캄캄한 밤하늘을 보았습니다. 별들이 보석처럼 박혀있으면서 순결한 에메랄드빛을 발하고 있습니다. 시원한 바람이 나의 귀를 스치면서 주님의 음성을 전해주었습니다.

　"기도로 변화할 수 없는 것은 그 어떤 것으로도 변화할 수 없다."

　코끝 찡한 얼굴로 하늘을 올려다보며 응답했습니다.
　"아멘!"

반응

　유난히 밝은 햇살이 가득한 11월의 어느 오후, 교회 꽃밭에서 코스모스 씨앗을 모으고 있었습니다. 꽃씨를 모으는 일은 언제나 마음에 은은한 감동을 일으킵니다. 끝이 아닌 내일을 생각하고 기대하기 때문입니다. 코스모스 씨앗 봉우리를 손으로 움켜쥐었다가 펴자, 씨들이 손바닥 가운데로 모여들었습니다. 바로 그때 가까운 산기슭에서 개구리 울음소리가 들려왔습니다. 매우 친숙한 소리였습니다.

　그곳에는 오랫동안 사람이 살지 않는 빈집이 있습니다. 가끔 그곳을 찾아가곤 했습니다. 아주 먼 옛날에 사람이 살았던 흔적을 보는 것이 매우 흥미롭습니다. 부엌에 가마솥을 걸었던 아궁이에는 불을 지폈던 까만 흔적이 남아 있습니다. 아이들이 올라가서 놀았을 법한 오래된 살구나무는 무거운 가지를 지탱하다 견디지 못하고 부러져 있었습니다. 흙벽은 허물어져 있고 나무 기둥으로 지탱하고 있는 지붕은 거

　　　　🌸꽃🌸 들풀 위에 깃든 믿음

의 쓰러질 지경입니다. 집 옆으로 작은 개울물이 흐르고 있고 햇볕 잘 드는 곳에 웅덩이가 있는데 봄마다 그곳에서 개구리들이 울어대면서 알을 낳습니다. 11월 날씨치고는 따뜻한 날이 계속되자 겨울 잠을 준비하던 개구리들이 봄이 온 줄 알고 짝을 찾는 노래를 부릅니다. '갑자기 추워지면 어찌하려고.' 아무것도 모르고 알을 낳으려는 개구리의 행동이 이해되지 않았지만, 앞뒤 안 가리고 반응하는 모습에 놀랄 뿐이었습니다.

도심리에 처음 세워진 교회는 산속 중턱에 있으면서 밤나무, 잣나무, 단풍나무, 살구나무, 배나무, 복숭아나무, 사과나무로 둘러싸여 있기에 성도들이 숲속교회라고 이름을 붙였습니다. 숲속교회의 주변은 돌담으로 되어있고 그 위에 개나리가 심겨 있습니다. 그런데 이 개나리들이 노란 꽃을 활짝 피웠습니다. 모든 나무가 겨울을 준비하고 있습니다. 아름다웠던 잎들, 뜨거운 여름을 지나면서 나무의 찬란한 영광을 간직했던 잎들이 다 떨어졌습니다. 가장 큰 목련잎, 밤나무잎, 은행잎, 따뜻한 이불을 깔아놓은 듯한 진노란 낙엽송잎들, 한때는 화려하고 생기발랄했던 나뭇잎들이 어느 한순간 아쉬움 없이, 두려움 없이 모두 땅으로 떨어졌습니다. 계절의 변화에 어느 것 하나 예외 없이 반응했습니다. 아직도 어떤 나뭇가지에는 잎들이 매달려서 서늘한 바람에 몸을 떨고 있지만 얼마 지나지 않아 삭풍에 곧 떨어지게 될 것입니다. 이렇게 세상은 다가오는 겨울을 준비하고 있는데 교회 뜰에 있는 개나리는 새로운 꽃을 피웠습니다. 순간 모든 분위기가 바뀌었습니다.

겨울 없이 봄이 오는 것은 아닌가 할 정도였습니다. 따뜻한 날이 지속되면서 개나리는 본능적으로 반응하여 꽃을 피웠습니다. 내일이라도 추워지면 얼어서 떨어질 수밖에 없다는 사실을 모르는 듯 개나리는 보란 듯이 노란 꽃으로 활짝 피어났습니다.

하나님의 임재가 모든 순간에 있지만 하나님의 임재를 경험하는 최고의 시간은 주일예배입니다. 성도들과 함께 모여 예배하기 때문입니다. 설교 준비가 가장 힘든 시간입니다. 온전히 주님께 맡기고 기도하면서 준비할 수밖에 없습니다. 선포해야 할 말씀의 영감을 얻지 못할 때가 가장 힘든 순간입니다. 설교원고를 쓰기 전에 하나님께 늘 기도합니다.

"하나님, 도와주세요. 이 땅에 살아가는 우리가 꼭 들어야 할 하늘의 음성을 듣게 하소서."

성령께서 주시는 확신으로 예배를 인도하고 설교로 하나님의 뜻을 전했지만, 성도들로부터 아무런 반응이 없는 것처럼 보일 때 마음이 어둡고 무거워집니다. 어느 주일, 예배를 마치고 문 앞에 서서 성도들과 인사를 나누고 있었습니다. 뒤에 있던 둘째 딸 샤론이가 제일 먼저 교회를 나가면서 나를 향하여 엄지 척하면서 나의 어깨를 툭 치고 나갔습니다.

"아빠, 오늘 설교, 최고였어요."

이 얼마나 놀라운 반응인가. 설교를 잘했다는 것을 말하려는 것이 아니라 이렇게 반응했다는 것이 놀라웠습니다. 추수감사예배 때 마을 주민들이 모두 참여했습니다. 각자 지은 농산물을 가지고 왔습니다. 최병예 아주머니는 배추를 가지고 오셨습니다. 아주머니는 매년 배추와 무를 가지고 오십니다.

"목사님, 이 배추 보세요. 밭에서 제일 크고 좋은 놈입니다. 이것은 목사님이 꼭 드셔야 해요."

아주머니는 나를 볼 때마다 손을 꼭 잡고 당신과 아들을 위해서 기도해줘서 고맙다고 반응합니다. 어쩌면 아주머니는 일 년 내내 추수감사절예배 때 배추를 교회에 가지고 오는 생각을 하는지 모르겠습니다.

"네가 그들에게 외치더라도 그들이 너에게 아무런 반응도 보이지 않을 것이다"(렘 7:27, 표준새번역).

이 시대는 감각이 무뎌져서 부끄러운 줄도 모르고 방탕한 생활을 하며 한없는 욕심으로 온갖 더러운 행동을 합니다(엡 4:19).

"주님, 죄와 악에 대하여는 죽은 자같이 반응하지 않게 하시고 하나님의 성령에 대하여는 개나리와 개구리처럼 어리석게 보일지라도 예민하게 반응하게 하소서!"

214 ✦ ⫸ ✽ ⫷ ✦ ✽ ⫷ 들풀 위에 깃든 믿음

하늘과 땅에 있는 모든 것을
그리스도 안에서 하나 되게 하시는 하나님,
하늘에는 영광, 땅에는 평화가 가득한 성탄의 계절,
12월을 선물로 주셔서 감사합니다.
세상 모든 사람이
예수 그리스도로 하나 되게 하소서.

십자가 위에서
마지막까지 기도하셨던 예수님,
세월이 흐르고 육체의 힘이 쇠잔할수록
더욱 간절히 기도하게 하소서.
우리 교회가 기도하는 교회 되게 하소서.
잎을 하나하나 떨어뜨려
겸손하고 청빈한 모습의 겨울나무처럼
욕망과 교만의 마음을 모두 버리고
성령 충만으로 옷 입어
영혼 구원에 힘쓰게 하소서.

십이월

하나님과 사람의
종이 되는 달

사랑

2021년, 한 해를 보내면서 마음속에 너럭바위 같은 한 생각이 자리 잡고 있습니다. 나의 친형에 대한 생각입니다. 나와는 한 살 차이면서 평생 은행에서 직장생활을 했는데 뜻하지 않은 불의의 사고로 일찍 하나님 나라로 갔습니다. 추자도 앞바다에서 실종된 형의 유해를 아직도 찾지 못하고 있습니다. 몇 달 전에 조카가 캐나다로 유학을 떠나면서 형의 유품을 나에게 남겨 두고 갔습니다. 유품 가운데 오래된 일기장에서 나와 관련된 내용을 발견했습니다.

"어제는 동완에게 미안했다. 그만 이성을 잃어버려서 때려버리고 말았다. 동생의 처신에 대한 실망으로 가뜩이나 성질이 날카로워졌는데 나에게 말대꾸하는 바람에 일이 그렇게 되어버렸다. 물론 모든 문제의 잘못은 나에게 있으리라. 형으로서 동생에게 무관심하였기 때문에 그런

일이 일어났다. 동생에게 미안함과 나 자신에 대한 후회의 감정이 엄습한다. 총명한 지혜와 정확한 판단력을 갖는 것이 중요하다. 항상 지혜롭게 행동하려고 하지만 잘되지 않는다. 내일은 동생에게 사과하고 마음의 상처를 치료해 주어야겠다.

주님, 동생의 상처를 어루만지사 빨리 낫게 하여 주십시오. 그리고 그 마음의 상처도 아물게 하여 주소서. 이번 일로 우리 형제의 우애에 금이 가지 않게 하여 주소서. 아멘!"

일기장에 적힌 날짜를 보니 83년 1월 29일이었습니다. 당시는 내가 신학교 2학년을 마쳤고 청년기의 방황이 활화산 같은 때였습니다. 삶에 대한 회의, 신앙에 대한 회의, 자신과 사람에 대한 회의가 나의 삶을 걷잡을 수 없는 혼란으로 몰아갔습니다. 신학 공부를 그만하기로 하고 무작정 신학교 교문을 나와버렸습니다. '용서, 화해, 휴식'이라는 꽃말을 가진 플라타너스나무가 교정을 오르내리는 길 양쪽으로 하늘 높이 서 있었습니다. 가끔 두 손으로 안아 보곤 했던 나무였습니다. 나무를 볼 때마다 큰 위로와 꿈을 새롭게 하곤 했습니다. 나무 사이를 걸어 나오면서 하늘을 향해 불경스러운 외침을 쏘아 올린 것을 기억합니다.

"하나님은 없습니다."

군대 영장이 나와서 입대할 날만 기다리고 있었습니다. 그런데 그동안 공부하는 데 필요한 학비를 마련해준 형이 이 사실을 알고 자기에게 한마디 상의도 없이 자퇴를 결정한 것에 대해 몹시 화를 냈습니다. 형은 나를 옥상으로 데리고 가서 몽둥이로 사정없이 내리쳤습니다. 나는 오롯이 맞을 수밖에 없었습니다. 맞으면서도 나의 잘못을 인정하지 않고 울면서 반항했던 기억이 납니다.

하나님의 사랑으로 군대에서 하나님을 인격적으로 만났습니다. 엄청난 극한의 위기 앞에서 하나님께 두 손을 들고 항복했고 그때 고백한 나의 말은 "하나님, 살려주시면 시키는 대로 하겠습니다"였습니다. 하나님은 드라마처럼 모든 상황을 반전시켜 주셨고 하나님 앞에 서게 하셨습니다. 그때 하나님이 주신 음성을 잊을 수 없습니다.

"내가 모든 상황을 일어나지 않은 것으로 만들었다. 불 속에서 나에게 고백한 것을 기억하라."

제대 후 다시 신학교로 돌아가게 되었고 오늘까지 미천한 종으로 주님을 위해 살려고 애쓰고 있습니다. 작년에 형이 나에게 한 말이 마음속에 계속 메아리치면서 나의 얼굴을 뜨겁게 합니다.

"나는 우리나라에서 목사는 내 동생 하나밖에 없다고 생각한다."

늘 나의 뒤에서 든든한 후원자가 되었던 형이었습니다. 형은 나의

★ ⟫⟫ ❀ ⟪⟪ ★ ⟫⟫ ❀ ⟪⟪ 들풀 위에 깃든 믿음

삶에 있어서 하나님이 보내주신 특별한 사랑의 천사였습니다.

하나님의 사랑은 나뿐만 아니라, 온 우주를 움직이고 있습니다. 최근 설교 중에 나 스스로에게 크게 감동한 것이 있습니다.

"하나님은 사랑이시다"(요일 4:8).

사랑이라는 단어가 나의 가슴 속으로 새롭게 스며 들어왔습니다. 하나님은 천지 만물을 창조하기 전에 스스로 존재하셨기에 사랑도 만물 이전에 존재하게 됩니다. 천지창조 이후에 생긴 죄는 창조 이전에 계신 하나님과 사랑을 이길 수 없습니다. 하나님의 말씀은 당연히 사랑의 언어이기에 모든 창조물은 사랑으로 창조되었습니다. 삼위일체 하나님을 사랑으로 이해하면 매우 쉽습니다. 이것은 사랑이라는 단어가 갖는 의미 때문입니다. 사랑은 혼자 이루어지는 것이 아니라 반드시 상대방이 있어야 합니다. 만물도 없었고, 사람이 아직 창조되기 전에도 사랑은 있었습니다. 사랑에는 상대가 분명히 있어야 하기에 창세 전에 하나님은 사랑의 상대인 성자와 성령과 하나가 된 것을 알 수 있습니다. 사랑이 삼위 하나님을 일체로 이루게 하셨습니다. 이 사랑이 확장되어 만물과 사람이 사랑 안에서 삼위일체 하나님과 하나로 연합할 수 있습니다. 우리가 서로 사랑해야 하는 분명한 이유가 여기에 있습니다. 각자는 하나님의 사랑에 의해 창조되었고 지금도 사랑으로 새롭게 만들어지는 존재들이기 때문입니다. 사랑할 때 비로소 하나님을 알 수 있고, 사랑하지 아니하는 자는 하나님을 알지 못합니다(요일 4:8).

"믿음 소망 사랑 이 세 가지는 항상 있을 것인데 그중에 제일은 사랑이라"(고전 13:13).

이 말씀을 이해하는 데 항상 시원하지 않았는데 이제야 깨닫게 되었습니다. 모든 것은 사랑 안에서 이루어집니다. 사랑은 두 번째, 세 번째가 될 수 없습니다. 말 한마디 없이 스쳐 지나가는 사람들도 하나님 사랑의 창조물입니다. 사랑은 처음이자 마지막이고 부분이면서 전체입니다. 나의 삶의 환경, 그것은 바로 사랑입니다.

오 놀라운 하나님의 사랑, 어찌 다 헤아릴 수 있을까요? 하나님, 사랑의 눈, 귀, 손, 발, 마음을 주세요.

모두 좋아

기도의 집 옆에 있는 엘림하우스에 들어서자 또각또각 소리가 들렸습니다. 집사님들이 모여서 오늘 저녁에 먹을 떡국을 위해 가래떡을 써는 소리였습니다.

오늘은 성탄전야입니다. 해마다 이날 저녁에 성탄 축하송 마을 돌기가 있습니다. 문득 어린 시절 성탄절 새벽송이 생각났습니다. 그 옛날 시골교회 다닐 때 성탄절 새벽송이 왜 그렇게 가슴이 설레고 재미있었는지 모릅니다. 눈 쌓인 시골길을 따라 걸으며 때로는 논두렁 밭두렁도 건넜습니다. 성도님 집 대문 앞에 서서 성탄 노래를 부르면 대문을 열고 나와서 반갑게 맞아주셨습니다. 어떤 집에서는 고구마와 감자를 삶아 놓고 꼭 먹고 가라고 붙잡으면 따뜻한 구들방에 앉아서 맛있게 먹으면서 몸을 녹인 후 가곤 했습니다. 돌아갈 때는 그냥 보내지 않고 떡, 과자, 엿 등을 주셨습니다. 새벽송을 다 돌고 교회로 돌아와서 보따리에 가득 받아온 맛있는 과자를 나눠 먹었습니다. 정작 성탄절 예배 때는 거의 모든 아이는 졸음에 겨워 고개를 꾸벅꾸벅했습니다.

성탄 축하송 마을 돌기는 도심리 교회가 세워지기 전부터 있었습니다. 공동체 식구들이 성탄 선물을 준비해서 집마다 방문하여 "메리 크리스마스, 새해 복 많이 받으세요"라는 덕담과 함께 선물을 드렸습니다. 초창기에는 성탄 찬송가 대신에 "흰 눈 사이로 썰매를 타고", "당신은 사랑받기 위해 태어난 사람" 등의 노래를 불렀습니다. 그때도 마을 주민들이 따뜻하게 맞아주었습니다. 교회가 세워진 후에도 성도들과 함께 성탄 전날 밤에 마을 돌기를 계속했습니다.

올해도 선물을 준비했습니다. 선물은 우리 교회 이름이 새겨진 2023년 달력, 춘천성광교회 남선교회에서 후원해 주신 맛있는 롤케이크, 서울 정릉교회에서 후원해 주신 코로나용 마스크, 권사님이 손수 뜨신 예쁜 수세미였습니다. 선물꾸러미를 가운데 놓고 성도들이 함께 동그랗게 둘러서서 손을 잡고 간절히 기도했습니다. "너희 발바닥으로 밟는 곳은 모두 너희에게 주었노니"(수 1:3). 말씀을 힘입어 우리가 방문하는 모든 가정마다 하나님의 사랑이 전달되고 하나님의 구원이 임하도록 기도했습니다.

며칠 전에 내린 눈이 아직도 녹지 않았습니다. 먼 곳은 차로 이동했지만, 가까운 집들은 걸어서 이동했습니다. 몰려다니는 모습이 꼭 병아리들이 조잘거리며 암탉을 따라다니는 것과 같았습니다.

눈 쌓인 산길을 넘어서 진 씨 아저씨 댁을 방문했습니다. 지금 아저

❀❀❀ 들풀 위에 깃든 믿음

씨의 삶은 몹시 어렵습니다. 정신질환을 겪고 있는 처제와 항암치료를 받는 처남이 함께 살아가고 있습니다. 아저씨는 반갑게 우리를 맞아주셨습니다. "기쁘다 구주 오셨네"를 찬양하며 아저씨 가정에 하나님의 큰 은혜가 임하길 기도했습니다.

신 씨 할머니 문 앞에서 "고요한 밤 거룩한 밤"을 찬양하자 할머니는 황급히 나오느라고 옷을 제대로 걸치지도 못하셨습니다. 손뼉을 치고 환한 미소로 흥얼거리면서 찬양을 함께 부르는 허 씨 할머니, 찬양하고 가려는 우리에게 따뜻한 음료수를 건네주시던 뒷골의 최 씨 아저씨, 귤 상자를 건네주시는 이 씨 할머니, 마을 주민들은 나름대로 사랑과 감사의 표현을 했습니다. 아름답고 따뜻한 도심리 마을의 성탄 풍경입니다.

성탄 축하송 마을돌기를 마치고 교회로 오자 집사님들이 맛있고 따뜻한 떡만두국을 끓여놓으셨습니다. 모두 맛있게 먹었습니다. 식사 후 성탄 축하 찬양 축제를 열었습니다. 가정별로, 혹은 개인별로 나와서 목소리와 악기로 주님께 찬양을 드렸습니다. 사랑의 마음이 가득 담긴 찬양은 겸손한 별이 되어 하늘로 하늘로 올라갔습니다.

보이는 것, 들리는 것, 느끼는 것이 모두 좋습니다. 도심리 마을이 좋습니다. 얼어서 하얗게 된 시냇물, 흰 눈으로 뒤덮인 산과 밭, 기도하기 위해 앉는 교회 의자, 김이 나는 따뜻한 찻잔, 수줍은 미소를 짓고 있는 허 씨 할머니, 나의 연약함 때문에 늘 속상하지만, 목사인 내가 너무 좋습니다. 나를 반겨주는 강아지들, 바람에 흔들리는 마른 억새, 추위에 올곧게 버티고 있는 잣나무들, 철 지난 배추밭을 서성대는 노루와 고라니, 모두 좋습니다. 좋다는 느낌과 더불어 각 존재들의 신비함에 감탄합니다. 올해는 너무 좋았습니다. 내년을 바라보며 소망의 샘물을 마음에 간직합니다. 하나님의 품속에 있는 이 순간 오직 이 말만 하고 싶습니다.

"모두 좋다."

성경에서 하나님이 감정을 표현한 첫 번째는 "좋았더라"입니다(창 1:10). 하나님의 이런 감정의 표현은 사랑에서 나왔습니다. "하나님은 사랑이시라"(요일 4:16). 이처럼 하나님을 간단명료하면서 정확하게 표현한 말씀이 있을까요? 하나님은 사랑이시기에 하나님의 창조는 모두 사랑에 의해 이루어졌습니다. 사랑으로 창조된 세계는 좋을 수밖에 없습니다.

"어둠이 빛을 이겨 본 적이 없다"(요 1:5, 공동번역).

어둠이 빛을 이길 수 없고, 사탄이 하나님을 이길 수 없는 것처럼 죄는 사랑을 결코 이길 수 없습니다. 아멘.

기다림

하얀 겨울이 산과 들과 계곡을 기다림으로 가득 채웠습니다. 겨울 나무는 적나라한 모습으로 추위를 견디며 기다리고 있습니다. 항상 우아한 자태를 뽐내는 소나무는 두툼한 옷을 입고 있지만 원두막 옆에 있는 뽕나무는 몸에 바짝 붙는 얇은 옷을 입고 있습니다. 꽃도 떨어지고 열매도 떨어지고 잎도 떨어져 아무것도 남지 않은 겨울나무 모습이 원래 나무의 모습입니다. 겨울나무는 우리에게 속삭이듯 말합니다.

'참된 기다림이란 아무것도 소유하지 않는 것이다.'

시냇가 물푸레나무 가지에 앉아있던 직박구리가 이상한 목소리로 꺼억꺼억 거리면서 기다림을 노래하고 있습니다. 얇은 가지를 떨고 있는 버들강아지도 봄을 간절히 기다리며 다음과 같이 읊조렸습니다.

'나는 누구보다도 가장 일찍 나의 존재를 세상에 알릴 거야.'

봄을 영어로 스프링(Spring)으로 부르는 이유가 봄에 생명들이 용수철처럼 뛰어오르기 때문입니다.

슈베르트의 〈겨울 나그네〉라는 연가가 있습니다. 그 다섯 번째 곡이 "보리수"입니다. 고등학교 학창시절, 독일어 시간에 배우고 암송했던 노래입니다. 그 이후로 어떤 모임에서 노래해야 할 때가 있으면 "보리수"를 독일어로 불렀습니다.

군대 신병 때 회식 시간에 고참들이 노래를 부르라고 강요했습니다. 숟가락을 마이크 삼아 노래를 부르기 시작했습니다. 잔뜩 무게를 잡고 부른 노래가 "보리수"였습니다. 독일어로 "보리수"를 부르고 나자, 부대 분위기가 완전 겨울 나그네가 되었습니다. 〈겨울 나그네〉는 실연당한 남자가 사랑에 대한 그리움과 기다림을 담은 애절한 내용입니다.

오늘은 성탄절이면서 김숙희 성도님의 세례식이 있는 날입니다. 우리 마을에 이사 온 지 14년 되었습니다. 남편 되는 박 씨 아저씨가 올 초에 세상을 떠나면서 김숙희 성도님이 교회에 나오기 시작했습니다. 올 한 해 신앙생활하고 세례자 성경 공부를 마치고 이번 성탄절에 세례를 받게 되었습니다. 세례 서약 때 첫 번째 질문을 했습니다.

"김숙희 성도님은 신구약 성경은 정확무오한 하나님의 말씀인 것을 믿습니까?"

"네, 믿습니다."

대답을 얼마나 크게 했는지 모두 놀랐습니다. 결혼식에서 서약할 때 신랑이 크고 씩씩하게 대답하는 것과 같았습니다.

"예수 그리스도를 구주로 믿는 김숙희 성도에게 내가 성부와 성자와 성령의 이름으로 세례를 주노라" 하면서 손으로 물을 조금 담아서 머리 위에 부으면서 세례를 주었습니다. 세례를 주면서 주님의 성령이 임하셔서 거듭나게 하시고 성령으로 인 치시고 성령의 기름을 부으시도록 기도했습니다. 세례를 선포하는 짧은 문장 속에 엄청난 영적 신비인 하나님의 사랑, 선택, 용서, 죄 사함, 거듭남이 들어있습니다. 그 무엇보다도 하나님의 기다림이 들어있습니다. 하나님은 김숙희 성도님을 기다리고 기다리셨습니다. 예수를 믿는다는 것은 내가 믿는 것이 아니고 이미 오랫동안 기다리고 계셨던 주님을 만나는 것입니다. 내가 주님을 선택하는 것이 아니라 주님이 이미 나를 선택하시고 나를 기다리고 계십니다. 집을 나간 아들을 기다리는 아버지가 하나님의 모습이고, 문밖에 서서 문을 두드리며 기다리시는 분이 예수님의 모습입니다.

기다림은 정지한 것이 아니라 오히려 역동적인 움직임입니다. 황지우 시인의 "너를 기다리는 동안"의 마지막 시구입니다.

"너를 기다리는 동안 나는 너에게 가고 있다."

겨울나무가 옳습니다. 기다림은 아무것도 소유하지 않을 때 순수한 기다림이 됩니다. 이것저것 손에 잔뜩 움켜쥐고, 등에 짊어지고 머리에 보따리를 이고는 멀리 갈 수 없습니다. 아무것도 없어야 갈 수 있습니다. 주님의 재림을 간절히 기다리는 것은 이미 우리로 주님을 만나게 합니다. 기다림에는 순수한 믿음, 소망, 사랑이 있습니다. 그래서 간절한 기다림에는 시공을 초월한 이끌림이 있습니다.

"그다음에 살아남아 있는 우리가 그들과 함께 구름 속으로 이끌려 올라가서 공중에서 주님을 영접할 것입니다"(살전 4:17, 표준새번역).

겨울이 지나가려면 아직도 한참 남았습니다. 그런데 어디선가 가늘게 뻐꾸기 소리가 들렸습니다. 노란 산수유의 향기가 코끝을 스치는 듯합니다. 봄에 대한 나의 기다림이 지나쳤나 봅니다. 그런데 나만 그런 것이 아니라 하얀 눈 밑에 하얀 외줄 뿌리를 내리고 있는 민들레도 강렬한 열정으로 기다리고 있습니다. 나의 기다림의 마음을 이 성탄에 고백했습니다.

이제 나는,
밤을 지키던 목동들처럼

끈질기게 주님을 기다립니다.

동방의 박사들처럼

주님을 찾아 나서겠습니다.

나는 주님이 가장 필요합니다.

말구유보다 더 지저분한 나에게 오소서!

쿰바야!